문밖에서 기다리시는 하나님

국제제자훈련원은 건강한 교회를 꿈꾸는 목회의 동반자로서 제자 삼는 사역을 중심으로 성경적 목회 모델을 제시함으로 세계 교회를 섬기는 전문 사역 기관입니다.

문 밖에서 기다리시는 하나님

초판 1쇄 발행 1987년 6월 27일
개정판 7쇄(32쇄) 발행 2016년 8월 10일

지은이 옥한흠

펴낸이 박주성
펴낸곳 국제제자훈련원
등록번호 제2013-000170호(2013년 9월 25일)
주소 서울시 서초구 효령로68길 98(서초동)
전화 02)3489-4300   **팩스** 02)3489-4329
이메일 dmipress@sarang.org

저작권자 (C) 옥한흠, 1987. *Printed in Korea.*
이 책은 저작권법에 의해 보호를 받는 저작물이므로 저자와 출판사의 허락 없이
내용의 일부를 인용하거나 발췌하는 것을 금합니다.

ISBN 89-88850-45-9 03230
※ 책값은 뒤표지에 있습니다. 잘못된 책은 구입하신 곳에서 교환해드립니다.

문 밖에서 기다리시는 하나님

옥한흠 글

국제제자훈련원

 # 서 문

위대한 전도자 횟트필드가 자기 설교를 출판하겠다는 사람을 보고 "내용은 담을 수는 있어도 그 속에서 울리는 우뢰소리는 담을 수 없을 것"이라고 한 말은 진리인지 모른다. 복음의 진수는 선포하는 데 있다. 선포하는 그 사건을 통해 성령께서 신비스러운 생명의 작업을 하신다. 그래서 복음을 책에다 담는다는 것은 그 능력을 제한할 위험이 없잖아 있다.

그럼에도 불구하고 본서를 출판하는 이유는 책을 통해서만 복음에 접근할 수 있는 영혼들이 우리 주변에 많이 있다는 사실 때문이다. 말로써 예수 그리스도를 전하기 어려운 자들에게 한 권의 책이 능력있는 선교자요, 전도자의 구실을 충분히 할 수 있을 것이다. 바울은 매여도 복음은 매이지 아니했던 것처럼 비록 작은 책자이지만 여기에 담긴 이 복음은 능히 읽는 자들의 영혼을 무덤에서 불러내는 예수 그리스도의 음성이 될 수 있을 것이다.

위대한 복음의 사도였던 바울은 이렇게 외쳤다.

"내가 복음을 부끄러워 하지 아니하노니 이 복음은 모든 믿는 자에게 구원을 주시는 하나님의 능력이 됨이라"(로마서 1:16).

지금 우리 주변에는 복음의 능력을 모르는 자들이 너무 많다. 어렵지 않게 기독교 문화에 접할 수 있는 환경 속에서 살고 있지만 복음을 바로 듣지 못해 하나님께 나오지 못하고 있는 자들이 많다. 놀랍게도 신앙생활을 오래 한 사람 중에서 복음을 바로 알지 못하고 있는 사람을 자주 본다. 더구나 전통이 오래 된 교회에서 복음의 생수가 말라버린 것을 보는 것은 한두 번이 아니다. 이것은 심각한 병폐가 아닐 수 없다.

복음의 감격이 무엇인지를 모르는 영혼에는 은혜의 봄이 돌아오지 않는다. 복음의 단비로 강단 언저리가 항상 젖어 있지 아니하는 교회는 생명의 환희를 빼앗겨 버리기 쉽다. 복음은 항상 새로운 것이다. 그러나 복음은 새로운 내용을 말하지 않는다. 언제나 귀에 익은 그 이름, 그 이야기지만 전할 때마다 들을 때마다 거기에는 새로운 사실이 있고 새로운 감격이 샘솟는다.

본서가 구원의 감격을 빼앗겨 버린 성도들에게는 은혜를 재충전하는 기회가 되고 아직 예수를 모르는 자들에게는 예수 앞에 엎드려 "나의 주, 나의 하나님"이라고 고백하는 기회가 되었으면 한다. 그리하여 모든 영광을 하나님께서 받으시기를 기도한다.

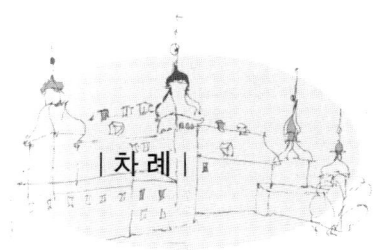
| 차 례 |

서문 • *4*
당신은 구원이 필요한 사람입니까? • *9*
다시 태어나지 아니하면 • *33*
사람이 되신 하나님 • *53*
목마른 인생 • *73*
당신 마음의 지배자는 누구입니까? • *95*
아무리 악한 사람이라도 • *113*
인생의 카운트다운 • *133*
복받은 큰 죄인 • *153*
문 밖에서 기다리시는 하나님 • *169*
만일 당신이 듣지 아니하면 • *187*
마지막으로 던지고 싶은 질문 • *207*

당신은 구원이 필요한 사람입니까?

"다른 이로서는 구원을 얻을 수 없나니 천하 인간에 구원을 얻을 만한 다른 이름을 우리에게 주신 일이 없음이니라 하였더라"(사도행전 4:12).

"당신은 구원이 필요한 사람입니까?" 이것은 대단히 중요한 질문입니다. 왜냐하면 당신의 대답에 따라 당신의 영원한 장래가 결정되기 때문입니다. 수많은 사람들이 자기의 존재를 잘못 알고 있습니다. 그래서 스스로 속고 있고 영원히 구제가 불가능한 실패의 삶을 자초하고 있습니다. 이 질문에 분명한 대답을 하기 위해서 당신은 하나님의 말씀 앞으로 나와야 합니다. 인간의 영적 상태를 가장 잘 아시고 정확하게 진단할 수 있는 분은 우리의 창조자 하나님뿐입니다.

구원이 꼭 필요하다는 결론을 놓고 볼 때 우리는 먼저 구원이 무엇인가를 정확히 알아야 합니다. 그러나 대부분의 사람들이 구원이 무엇인지 잘 모르고 있습니다. 구원이 무엇인지 조차 모른다면 구원의 필요성을 깨닫는 것은 도저히 불가능한 일입니다.

무지의 어두움

어느 부인은 기독교 계통의 학교를 10년이나 다녔지만 구원이라는 말을 들어보지 못했다고 합니다. 그런데 그녀가 미국에 유학가서 공부할 때 새삼스럽게도 전도를 받고 "아, 내게 구원이라는 것이 꼭 필요하구나. 나는 구원을 받아야 하는 존재구나."라는 것을 깨달았다고 고백하는 것을 들은 적이 있습니다. 그만큼 **많은 사람들이 구원 문제에 대해서 관심은 있지만 구원이 무엇인지를 잘 모르고 있습니다.**

이것은 인간의 이성으로 해결할 수 없는 지식입니다. 그래서 하나님께서는 구원이 무엇인지조차도 모르고 사는 사람들을 '어두움의 존재'라고 말합니다. 그 암흑이 얼마나 짙은지 "빛이 어두움을 비치되 어두움이 깨닫지 못하더라."고 했습니다. 즉 인간의 어두움이 얼마나 심각한지 하나님께서 빛을 비추어도 무지의 어두움이 사라지지 아니할 정도라고 하나님은 말씀하고 계십니다.

소위 엘리트 출신으로 그야말로 자신만만했던 30대 초반의 젊은이가 중병에 걸려서 투병생활을 하고 있었습니다. 그는 평소에 종교라는 것이 왜 필요한지 도무지 관심이 없었던 사람이었습니다.

그는 병상에 누워서도 기껏 생각한다는 것이 "인간에게 왜 종교가 있느냐?"라는 피상적인 종교 관념 정도였다고 합니다. 그러지만 그의 부인은 신실한 그리스도인이었습니다. 교회 교우들이 병원에 자주 찾아가 기도해 주고, 참 사랑을 표현하니까 남편의 마음이 조금 바뀌었나 봅니다.

그가 수술하러 들어가기 직전에는 제가 수술실 입구에서 그의 손을 잡고 간절히 기도해 주었습니다. 수술이 잘 되었고 경과도 아주 좋아졌습니다. 그 남편은 기분이 좋아서 부인에게 "무엇 때문에 아픈 사람을 찾아와서 그렇게 사랑을 베풀지? 그 힘이 어디서 나오는 것일까? 그 이유를 내가 좀 밝혀 보아야겠어!"라고 말했답니다. 이제야 그 남편의 마음에 한가닥 실같은 빛이 어두움을 뚫고 들어가는 것입니다. 중한 병에 걸려서 수술을 받아야 겨우 뚫릴 정도의 어두움이니 인간의 마음이 얼마나 어둡습니까?

우리 인간을 가장 잘 아시는 분은 우리를 만드신 하나님입니다. 자식을 가장 잘 아는 사람은 그 자식을 낳아서 기른 어머니라는 이치와 똑같습니다. 그러므로 자기 자신에 대한 정확한 지식을 발견하려면 하나님 앞으로 나와야 합니다. 소크라테스가 아무리 "너 자신을 알라."고 했지만 어디 가서 자신을 발견할 수 있는지는 가르쳐 주지 못했습니다. 그가 천재적인 두뇌를 가진 탁월한 철학자였기 때문에 자기 자신을 알아야 한다고 말은 했지만 누구 앞에 가야 자신을 알 수 있는지는 가르쳐 주지 못했습니다. 세상에서 어떤 사람도 하지 못한 그 대답을 오직 한 분, 우리의 구원자 예수 그리스도께서 말씀하셨습니다.

하나님의 심판

그러면 우리 자신이 어떤 존재입니까?

성경은 "한번 죽는 것은 사람에게 정하신 것이요, 그 후에는 심판이 있으리니"(히브리서 9:27).라고 말씀합니다.

이것은 하나님께서 최후의 심판에 대하여 하시는 말씀입니다. 한 사람도 이 심판을 피할 수 없습니다. 이런 심판이 기다리고 있는 자리를 성경에서는 '지옥'이라고 합니다. 그런데 우리가 무심하게 안심하고 잠을 잘 수 있을까요? 아직도 주님을 믿지 않고 있는 분들은 이 심판을 어떻게 받으려고 합니까? 소망이 전혀 없는 그 절망의 자리에 어떻게 서려고 합니까?

현대인들은 흔히들 이렇게 말합니다.

"유치하다, 유치해. 원 세상에 현대인들에게 지옥이란 말이 통하기나 하는 거야?" 이렇게 지옥이란 말조차 비웃고 관심없는 것으로 일축해 버립니다. 그러나 이것은 부인한다고 해서 없어지는 것이 아닙니다. 이것은 엄연한 현실입니다. 예수님은 이렇게 말씀하십니다.

"세상 끝에도 이러하리라. 천사들이 와서 의인 중에서 악인을 갈라 내어 풀무불에 던져 넣으리니 거기서 울며 이를 갊이 있으리라"(마태복음 13:49, 50).

언젠가 모 집사님이 제자 훈련 시간에 "내가 건성으로 예수 믿었을 때에는 지옥이라는 말을 하는 그 자체가 참 유치하다고 생각했는데, 이제 정신을 차리고 신앙이 바로 잡혀 가니까 옛날에 지옥이라고 말하는 것을 부끄럽게 생각했던 것이 도리어 얼마나 부끄러운지 모르겠어요."라고 고백하는 말을 들은 적이 있습니다.

'로댕' 하면 〈생각하는 사람〉이 얼른 머리 속에 떠오릅니다. 덕수궁에서 열렸던 그의 작품전에 가서 문제의 작품 〈생각하는 사람〉을 본 적이 있습니다. 단테의 『신곡』 중에 지옥편을 소재로 해서 지옥문 위에 만들어진 조각품이 바로 〈생각하는 사람〉이었습니다. 저는 그 작품을 보며 그 제목을 누가 붙였는지는 모르지만 지옥문 위에 붙여진 글귀로는 별로 어울리지 않는다고 제 나름대로 생각했습니다. 왜냐하면 사람이 지옥문 앞에까지 갔다면 이미 끝난 것입니다. 지옥문에서 무슨 생각을 할 시간이 있으며 무슨 생각이 필요하겠습니까? 때가 너무 늦습니다. 그 작품을 감상하면서 약간의 어떤 모순을 느꼈지만 한편 그것대로 우리에게 상당한 의미를 부여해 주는 작품이라고 생각했습니다.

이미 예수를 믿고 하나님의 자녀가 된 사람들이나, 아직도 예수 그리스도를 믿지 않고 있는 모든 사람들 앞에 다가올 최후의 심판에 대해 마치 로댕의 〈생각하는 사람〉처럼 우리도 생각하는 사람이 되어야 합니다. 깊이 머리를 숙이고 손으로 턱을 고이고 조용히 겸손하게 생각해 보아야 합니다. '정말 그런 곳이 있단 말인가?' '나는 그곳에 들어갈 사람인가?' '만약에 그곳이 있다면 어떻게 그곳으로 가지 않을 수 있는가?' '예수를 믿으면 그곳에 가지 않는다는데 그것이 사실일까?' '내가 비록 예수 믿고 교회에 다니지만 그곳에 가지 않는다는 확신이 나에게 있는 것일까?' 이것은 우리에게 있어서 그 무엇보다도 심각한 문제요, 또한 엄숙한 과제입니다.

죽음을 비웃는 사람들

흔히들 죽음이나 마지막 심판이라는 말을 아주 우습게, 장난끼 있는 말로 가볍게 다루는 경우를 종종 보게 됩니다. 이것은 참 어리석은 일이 아닐 수 없습니다.

예를 들면, 조선시대 때의 일인데 정만서가 죽을 때 그의 친구가 옆에 앉아서 정만서에게 "죽음이 무엇이냐?"고 물었습니다. 죽는 사람이니까 아는가 싶어서 물었더니 정만서가 하는 말이

"처음 겪는 일이라 나도 잘 모르겠다."고 대답했다고 합니다. 참 익살스럽기도 하고 또 솔직한 이야기이기도 합니다. 우리 중에 그렇게 가벼운 마음으로 "처음 겪는 일이라서 잘 모르겠다. 뭐, 언제 죽어 봤냐? 죽어 보면 알겠지." 하고 대수롭지 않게 말하는 사람들이 있습니다.

그러나 하나님은 절대 그렇게 말씀하시지 않습니다. 성경은 항상 죽음 저쪽의 문제를 끄집어 내어서 오늘을 사는 우리들에게 지혜를 가르치고 있습니다. 그러므로 죽음은 우리에게 희미한 어떤 불투명한 개념이 아닙니다. 죽음 저쪽의 문제는 우리에게 전혀 알려져 있지 않은 미지의 세계가 아닙니다. 그래서 죽음이 무엇이냐고 물으면 우리는 분명히 대답할 수 있습니다. 죽은 다음에 어떻게 되느냐고 묻는다면 우리는 주저하지 않고 말할 수 있습니다. 하나님이 성경 말씀을 통해서 우리들에게 분명히 가르쳐 주셨기 때문입니다.

그런데 가끔 곰처럼 우직한 사람들이 있습니다. 세상적으로 보면 용감하다고 할는지 모르지만 어리석게 담이 센 사람이 있습니다.

예를 들면, 화가 페루지노와 같은 사람입니다. 그는 하나님을 모르는 사람입니다. 그가 임종할 때에 성직자가 급히 찾아와서 마지막으로 기도를 해주려고 했습니다. 그러나 페루지노는 "나는 회개하지 않고 죽는 사람이 저 세상에서 어떻게 되는지를 알아 보고 싶소." 하고 성직자의 기도를 거절했다고 합니다.

얼마나 용감한 사람입니까? 그러나 이런 사람을 일컬어서 어리석은 자라고 합니다. 지옥을 우습게 보는 사람이 되어서는 절대 안 됩니다. 모른다고 그저 덮어두고 안심할 문제도 아닙니다. 대단히 심각한 문제입니다. 우리 모두는 다가올 최후의 심판에 대하여 겸손히 생각해 보아야 합니다. 그리고 지옥에서 면제받는 것이 구원이라는 것을 깨달아야 할 것입니다.

절망적인 진단서

"의인은 없나니 하나도 없으며 깨닫는 자도 없고 하나님을 찾는 자도 없고 다 치우쳐 한 가지로 무익하게 되고 선을 행하는 자는 없나니 하나도 없도다"(로마서 3:10~12).

이 말씀에 비추어 하나님 앞에서 우리 자신을 한번 진단받아 봅시다. 하나님이 우리에게 주신 진단서에는 "병명: 죄, 상태: 중태, 치료 가능성: 거의 불가능"이라고 씌어 있습니다. '죄인'이란 이름을 가진 절망적인 진단서입니다. 그런데 이와는 반대로 인간은 스스로 의롭다고 생각하기를 좋아합니다.

칠순이 넘으신 어떤 노신사를 만나 전도를 한 적이 있습니다. 그분의 딸이 자기의 힘으로는 부족하니까 아버지가 시골에서 올라 오시자마자 자기 아버지를 전도해 달라고 목사인 저를 불렀습니다. 그런데 그날 그 어른이 저에게 참 재미있는 말씀을 하셨습니다. "나는 이 세상을 70년이 넘도록 살면서 손톱만큼도 나쁜 일을 안했소. 내 재산으로 남에게 구제사업도 많이 했소. 학교도 세워서 공부도 시키고 좋은 일을 많이 했소. 그러니 천당이 있다면 나를 그렇게 어렵지 않게 들여 보내 줄 것이오."

그 말을 듣고 제가 잔인하리만큼 단호하게 한 마디 했습니다. "선생님, 하나님은 너무나 의로우시고 거룩하신 분이예요. 그래서 선생님이 손톱만큼도 잘못을 안 했다는 그게 정말 별거 아니예요. 마치 태양 앞의 촛불 같다고나 할까요? 어두움에서는 촛불이 굉장하지요? 그러나 태양이 솟아 오르면 촛불은 아무 의미가 없잖아요? 손톱만큼도 잘못한 것이 없다는 것은 사람 앞에서는 인정받을지 몰라도 하나님 앞에 가면 정말 아무것도 아니예요. 사람이 조금 양심적으로 살았다고 하고, 약간 구제사업 했다고 하는 것은 전부 촛불이예요. 선생님 그것 가지고는 구원 못받아요. 천당 못들어 갑니다. 어떻게 하시겠어요?"

그랬더니 그 어른이 시무룩해서 앉아 있는 겁니다. 지금이 성령이 일하시는 시간이구나 생각하고 제가 예수님에 대해서 진지하게 말씀드렸는데 그 어른이 침묵을 깨고 드디어 이렇게 말씀하셨습니다. "시골에 내려가서 교회에 나가겠소. 가족들과 집안 대소간에 의논해서 나가기로 하겠소." 그 노신사는 정말 복받은 어른입니다.

   인간은 자기 스스로 속고 있습니다. 자기가 선을 베풀면 무슨 공로나 세운 것처럼 대단히 가치있게 여기지만 하나님 앞에서는 아무 의미도 없습니다. 당신이 마음 속에 "내가 인생을 이 정도 양심적으로 살았으니까 천당이 있든 지옥이 있든 하여튼 나는 괜찮은 곳에 갈거야."라는 얄팍한 생각을 조금이라도 가지고 있다면, 자칭 의롭다고 여기는 그 마음을 반드시 깨뜨려야 합니다. 그런 교만이 깨어지지 아니하면 하나님 앞에서 자기 자신을 발견할 수 없습니다. 인간의 양심, 그것은 아무것도 아닙니다. 검찰관이 소환장만 보내도 떨리는 것이 인간의 양심입니다. 아무런 의미가 없습니다.

탈선

   성경은 죄에 대해서 주로 다음과 같이 세 가지를 말합니다.
   성경은 창조 목적에서 탈선된 생활을 죄라고 합니다.
   하나님이 인간을 창조하실 때에 인간에게 목적을 두었습니다.
   "너희가 먹든지 마시든지 무엇을 하든지 다 하나님의 영광을 위하여 하라"(고린도전서 10:31).
   그 목적은 창조자되신 하나님을 섬기고, 사랑하고 그분의 뜻대로 사는 것입니다. 그것을 위해서 인간을 만드셨습니다. 그러나 아담이 범죄한 이후부터 모든 인생이 이 목적에서 탈선했습니다. 하나님 중심의 생활이 아니라 자기 중심의 생활로 바뀌었습니다. 그러므로 세상에 태어난 그 자체가 하나님 앞에 죄가 되는 것입니다. 당신이 아무리 스스로 의롭다고 자칭해도 당신의 생활 자체가 벌써 탈선입니다. 자기 중심의 생활 자체가 창조 목적에 이탈되는 것이기 때문에 그것이 바로 죄악입니다.

어떤 위독한 환자를 보고 의사가 특효약을 주면서 시간을 잘 맞춰서 먹으라고 합니다. 그 환자가 약을 시간 맞춰 잘 복용하면 생명을 건지는 것이고 그 말에 순종하지 않으면 죽는 것입니다. 약이 두 가지를 다 결정합니다. 먹으면 살고 먹지 않으면 죽습니다. 마찬가지로 하나님께서 "예수만 믿으라! 그러면 너는 산다."고 하시는데 안 믿으면 어떻게 됩니까? "너는 죽는다."는 말입니다. 그래서 이 예수라는 분은 믿는 사람에게는 구원을 주는 분이요, 믿지 않는 사람에게는 멸망을 주는 분입니다.

마음의 약

성경은 부패한 마음에서 나오는 모든 악독을 죄라고 합니다.

"저희 목구멍은 열린 무덤이요, 그 혀로는 속임을 베풀며 그 입술에는 독사의 독이 있고 그 입에는 저주와 악독이 가득하고 그 발은 피흘리는 데 빠른지라"(로마서 3:13~15).

하나님을 떠난 사람들의 마음은 뱃속에서부터 죄인으로 태어나기 때문에 철만 들면 마음에서 악한 것들이 나옵니다. 그런데 많은 사람들이 죄에 대해서 말하기를 싫어합니다. 교회에 가면 듣기 좋은 소리나 위로가 되는 말만 해 주는 줄 알았는데 기분 나쁘게 죄에 관한 소리만 한다는 어린 신자가 있습니다. 수술을 해야만 살릴 수 있는 환자에게는 싫어도 메스를 대야 합니다. 메스를 대지 않고 자꾸 반창고만 붙이면 그 사람은 결국에는 죽게 됩니다.

어느 목사님이 죄에 대해서 너무 날카롭게 설교를 하니까 하루는 어떤 장로님이 찾아와서 "목사님, 용어를 좀 바꾸시지요, '죄, 죄' 하지 마시고 좀 다른 용어로 쓰세요."라고 말했습니다. 목사님이 "그럼 무슨 용어로 바꿀까요?"라고 물었습니다. 그랬더니 장로님이 "죄라는 말을 대신에 잘못이라든가 실수라는 말로 바꾸면 어떻겠습니까?"라고 말을 했습니다. 장로님을 유심히 쳐다보고 있던 목사님이 문득 선반 위에서 독약이라고 씌어진 병 하나를 내려 가지고 왔습니다. 그리고 "장로님, 이건 분명히 독약입니다. 그런데 여기에다 진통제라고 써 놓을까요? 독약은 독약이지 왜 진통제입니까?" 하고 일침을 놓았습니다. 이렇게 많은 사람들이 죄에 대해서 말하는 것을 몹시 싫어합니다.

시카고 근교에 있는 해몬드 제일침례교회에 들렀을 때 큰 충격을 받은 일이 있습니다. 그 교회는 세계에서 제일 큰 주일 학교가 있는 교회로서 매주 180대 이상의 버스로 어린이를 실어 나르는 교회로 유명합니다. 교회 안내원을 따라 구경을 하는데 설교단 앞에 방탄 유리가 설치되어 있는 것을 보았습니다. 그래서 그 방탄 유리를 가리키며 설치 이유를 물어 보았습니다. 안내원의 대답이 죄에 대해서 목사님이 하도 강하게 설교를 하니까 어떤 사람이 권총으로 목사님을 쏘려는 사건이 두 번이나 있었다고 합니다. 그래서 목사님이 위기를 몇 번 당한 뒤 교회에서 방탄 유리를 설치했다고 합니다.

죄 이야기를 하면 신자들이 줄어들 것 같지요? 그러나 그 교회는 몰려드는 교인으로 발디딜 틈이 없습니다. 진리를 말하기 때문입니다.

한국 의사들과 미국 의사들 간에는 차이점이 있습니다. 꼭 그렇다는 말이 아니라 보편적으로 볼 때의 이야기입니다. 한국 의사들은 만약 암 환자가 있다면 환자들에게 '쉬, 쉬' 합니다. 말하지 않는 것이 한국 의사들의 인정입니다. 그런데 미국 의사들은 환자를 불러 놓고 이야기합니다. "당신의 병이 지금 이 정도인데 수술을 하면 살 가능성은 20퍼센트 정도입니다. 그러니 당신의 마음을 준비하시오." 하고 아예 그대로 가르쳐 줍니다. 그러면 환자는 의사의 그 말을 듣고 처음에는 얼굴이 창백해지고 넋나간 사람처럼 됩니다. 그러나 하루만 지나면 환자는 냉정하게 정신을 차리고 "아, 어떻게 이 위기를 해결할 것인가?" 하고 단단한 결심을 하게 됩니다. 처음에는 잘못 말한 것 같지만 나중에 보면 그게 잘한 것입니다. 그 사람에게 그만큼 준비할 수 있는 여유를 가지게 만든 것입니다. 다 그런 것은 아니지만 한국 의사들은 환자가 의식이 사라지려고 할 때 "당신은 암이요."라고 말합니다. 그때 환자가 어떻게 준비할 수 있습니까?

하나님이 우리를 다루시는 방법도 마찬가지입니다. 하나님은 우리가 듣기 싫어해도 바른 말을 하시는 방법을 사용하십니다. "너는 죄인이야. 네 생활 자체가 근본적으로 잘못 되었어!" 목적이 이탈되었다고 지적하십니다. 하나님을 섬겨야 할 사람이 하나님을 떠나서 자기 육신 가지고 맘대로 인생을 살다가 어디로 가는지도 모르고 눈을 감아 버리면 그 인생 자체가 하나님 앞에 죄가 된다고 성경은 가르쳐 줍니다.

불신

성경은 예수를 믿지 않는 것이 죄라고 합니다.

"저를 믿는 자는 심판을 받지 아니하는 것이요, 믿지 아니하는 자는 하나님의 독생자의 이름을 믿지 아니하므로 벌써 심판을 받은 것이니라"(요한복음 3:18).

가출한 자식이 세상에 나가 아무리 크게 성공을 했다 할지라도 부모 앞에 돌아오지 않으면 그는 불효자입니다. 이와 마찬가지로 하나님으로부터 창조함을 받은 사람이 세상적으로는 털끝만큼도 죄를 짓지 않았다 할지라도 하나님을 떠나 예수를 믿지 않고 사는 것은 하나님 앞에 죄인입니다. 창조주 하나님께서 인간이 멸망받는 것을 불쌍히 여기셔서 구원자를 보내 주셨는데 이 예수님을 믿지 않고 제 마음대로 사는 것이 하나님 앞에 죄가 됩니다. 예수 믿고 구원받으라는 하나님의 명령에 순종하지 않는 사람은 하나님의 심판을 면할 수 없습니다. 하나님의 말씀을 거역하고 비판하거나 무관심한 것 그 자체가 벌써 멸망을 가져다 주는 것입니다.

유일한 구원자, 예수

"다른 이로서는 구원을 얻을 수 없나니 천하 인간에 구원을 얻을 만한 다른 이름을 우리에게 주신 일이 없음이니라"(사도행전 4:12).

누가 우리의 구원자입니까? 예수님만이 우리의 구원자라고 성경은 가르쳐 줍니다. 왜 예수님만이 우리의 유일한 구원자일까요?

첫째, 예수님만이 하나님을 만족시킬 만한 자격을 가지신 분이기 때문입니다.

우리의 구원자가 되려면 죄가 하나도 없어야 합니다. 죄가 있는 사람이 죄인을 구원한다는 말은 넌센스요, 언어도단입니다. 예수님은 죄가 전혀 없으신 완전하신 분입니다. 그렇기 때문에 하나님 보시기에 완전한 구원자의 자격을 갖춘 것입니다.

둘째, 예수님은 죄인을 대신해서 죽으시고 다시 살아나신 분이기 때문입니다.

죄의 값은 사망입니다. 이 사망의 형벌을 우리 대신 받아 주신 분이 바로 예수님입니다. 우리가 우리의 죄 때문에 지옥에 가서 당해야 할 고통을 예수님이 십자가에서 대신 당하셨습니다. 그러므로 우리를 대신해서 죽으시고 살아나신 그분만이 유일한 자격자입니다.

셋째, 예수님은 모든 사단보다 가장 능력이 강한 분이기 때문입니다.

예수님은 십자가에 달려서 죽으셨으나 사망의 권세를 이기신 분입니다. 사단의 권세를 이기고 삼일만에 무덤에서 살아나셨습니다. 그래서 사단 아래 매여있는 많은 인생을 구원하시는 분입니다. 사단을 이기셨기 때문에 하늘에 있는 자나 땅 아래 있는 자나 모든 자가 무릎을 꿇고 경배하는 놀라운 구주가 되신 것입니다.

넷째, 예수님은 하나님이 보내 주신 유일한 구원자이기 때문입니다.

만약 당신이 죄인이라면 당신의 죄 문제를 해결해 줄 수 있는 다른 분이 있습니까? 없습니다. 오직 예수님만이 유일한 구원자입니다. 장차 그분은 우리를 찾아오십니다. 예수 그리스도가 오시는 날, 하나님의 자녀들은 영원한 하나님의 나라로 들어가게 될 것입니다. 이런 말을 하면 불신자들은 기독교를 독선의 종교라고 비웃는 경우가 많습니다. 그러나 진리는 단 하나뿐입니다. 예수 믿는 것만이 구원의 길입니다.

비유를 하나 들면 병원에서 다 죽어가는 환자를 앞에 놓고 의사들이 모여 앉아서 중구난방으로 "이 방법으로 수술해도 좋고, 저 방법으로 수술해도 좋겠지."라고 말한다면 어떻게 될까요? 필경 그 환자는 죽게 됩니다. 간혹 "기독교도 좋아요. 불교도 좋아요."라고 말하는 사람이 있습니다. 자신이 없으니까 다 좋다는 것이지 진짜 자신이 있으면 그런 말을 안 합니다. 자신이 죽느냐 사느냐 하는 중대사를 놓고 어떤 것이라도 좋다고 말할 수 있습니까? 예수님을 바로 알게 되면 절대 다른 것은 인정할 수 없습니다. 예수님만이 유일한 구원자이기 때문에 독선이 될 수밖에 없습니다.

나는 한 배에 타지 않았소!

인도에서 힌두교 학자로 유명했던 어느 대학 교수가 미국에

초빙되어 와서 신앙 간증을 한 적이 있습니다. 그 교수는 젊었을 때에는 힌두교에 매력을 느끼고 깊이 파고 들었으나 날이 갈수록 힌두교에 대해 공허함을 느끼고 뚜렷한 확신을 가질 수 없어서 번민하게 되었다고 합니다.

그러던 중 어떤 자매로부터 예수님을 소개 받았으나 여전히 갈등을 하다가 어느날 중대한 결단을 내리고 예수님을 알기 위해 교회를 찾아 나왔다고 합니다. 그때 하나님께서 그의 눈을 열어 주셔서 그는 그리스도인으로 태어나는 놀라운 변화를 체험하게 되었습니다.

그 사람이 하루는 뉴델리에서 택시를 탔는데 운전수까지 모두 네 사람이 탔다고 합니다. 아마 우리나라처럼 합승을 한 것 같습니다. 그런데 그 중 한 사람이 각자 자기 소개를 하자고 해서 간단히 서로 인사를 했는데 공교롭게 네 사람이 제각기 종교가 다 달랐다고 합니다. 손님 중의 한 사람이 "우리들은 종교가 제각기 다르지만 같은 신을 섬기는 사람들이지요. 도달하는 길이 조금씩 다르지만 목적지가 같은 사람들이오. 결국 우리는 한 배에 타고 있지 않습니까?"라고 말하며 동의를 구하듯 다른 사람들을 둘러 보며 웃었습니다. 이때 가만히 앉아 있던 그 교수가 버럭 고함을 쳤습니다. "아니오, 당신들은 같은 배를 탔는지 모르지만 나는 다르오. 나는 다른 배를 탔소!"

진리는 거짓에 대해서 관용할 수 없습니다. 타협할 수도 없습니다. 새롭게 태어난 인도 교수의 말처럼 진리는 하나뿐입니다.

당신은 유일한 구원자 예수님을 가르치는 성경에 대해 어느 정도 관심이 있습니까? 이천 년이 넘도록 그 어떤 사람도 이 성경의 권위 앞에 도전하지 못했습니다. 수많은 핍박자의 칼날 앞에서도, 수백 번의 화형식 앞에서도 성경은 여전히 건재하며 여전히 끊임없이 확산되고 있습니다. 전 세계적으로 일 년에 수억 권이 팔리는 책이 있습니다. 당신은 그 이유가 무엇이라고 생각하시나요? 예수 외에는 참 구원자가 없기 때문입니다.

이 유일하신 예수 그리스도를 믿으면 구원을 받을 수 있습니다. 믿기만 하면 됩니다. 예수님은 하나님의 아들로서 우리를 위하여 십자가에 죽으시고 삼일만에 살아 나셔서 우리를 하나님 앞으로 인도하시는 구원자입니다. 이렇게 고백하는 것이 믿음입니다.

복받은 죄인

예수를 믿으면 받는 복이 있습니다.

첫째, 우리의 모든 죄를 다 용서받을 수 있습니다. 그래서 마음의 무거운 죄짐이 사라집니다. 지금까지 자기를 누르고 있던 은근한 가책, 불안, 공포 등이 한 순간에 사라지는 것을 체험하게 됩니다. 죄로 인한 고통에서부터 자유함을 얻게 됩니다.

둘째, 중생의 복을 받을 수 있습니다. 당신의 마음이 완전히 새롭게 변화됩니다. 지성이 변화를 받아서 진리를 깨닫게 되고 세속적인 성향이 성결하게 바뀌게 됩니다. 지금까지 만족이 없던 마음의 갈증이 사라지고 하나님의 뜻을 행하려는 사람으로 변화됩니다. 거듭나는 것입니다.

열병이 든 사람은 물을 자꾸 찾습니다. 어떻게 해야 할까요? 물을 달라고 하니 찬물을 자꾸 갖다 주어야 할까요? 아니면 물을 달라는 사람에게 열을 내리게 해 줄까요? 어느 쪽이 더 현명한 처사입니까?

세상 사람들이 생각할 때는 돈과 쾌락과 부귀영화만 있으면 인생이 즐겁고 더 바랄 것이 없을 줄 아는데 천만의 말씀입니다. 지나온 인류의 역사가, 우리의 인생사가 이를 증명합니다. 가지면 가질수록 만족이 없고 더 갈증을 느끼는 것이 인간의 마음입니다. 그런데 하나님은 "돈! 돈!" 하고 갈증나는 그 마음을 완전히 새롭게 바꾸어 줍니다. 그래서 돈으로부터 그 마음이 자유함을 얻고, 없는 가운데서도 부요함을 발견할 수 있게 합니다.

어느 저명한 부흥사 목사님이 집회를 인도할 때 올드 존이라고 하는 사람이 예수를 영접했습니다. 그는 주정뱅이었습니다. 그런데 예수를 믿고 변화를 받았습니다. 그 후에 올드 존이 길을 가는데 어떤 사람이 "안녕하세요? 올드 존" 하고 인사를 했습니다. 그러니까 올드 존이 정색을 하고 "선생님, 저더러 올드 존이라고 하지 마세요. 저는 이제 뉴 존이 됐습니다."라고 말을 했습니다. 그 사람이 의아해서 "당신 지금 무슨 소리요?" 하고 물었습니다. 올드 존은 "전 이제 예수 믿고 변화받았어요. 지금부터는 뉴 존이에요."라고 대답했습니다. 뉴 존은 이제 주정뱅이가 아닙니다. 하늘에 소망을 둔 사람으로 바뀌었습니다.

땅을 한 번 내려다 보세요. 당신의 마음에 무엇인가 채워지는 것이 있나요? 지금까지 살아 오면서 진정으로 만족하는 것이 있나요? 현대의 무서운 병 가운데 권태와 불안이라는 병이 있습니다. 이 권태와 불안에서 우리를 해방시켜 줄 만한 어떤 출구가 있습니까? 그러나 예수를 믿으면 놀랍게 변합니다. 놀라운 은혜가 넘칩니다. 불평과 불만은 간곳 없고 마음에 평강이 넘칩니다. 영원한 하늘 나라를 바라보는 사람이 됩니다.

거지가 될지언정

당신은 구원이 필요한 죄인인지도 모르고 매일을 살고 있지는 않습니까? 당신은 구원자가 계시는데도 그가 누구인지 모르고 있지는 않습니까? 저 무서운 심판을 피하게 하려고 하나님이 모든 것을 희생하면서 당신을 부르고 계시는 그 음성을 듣지 못합니까?

탄광촌에 가 본적은 없습니다만 사람들이 그곳을 막장인생이라고 부른다는 것을 알고 있습니다. 세상에서 산전수전 다 겪고 이제 더 어쩔 수 없이 마지막으로 찾아가는 곳이 탄광촌이라고 합니다. 40도가 넘는 깊은 굴 속에서 시커멓게 탄가루가 앉은 점심을 들고 온몸에 땀이 뻘뻘 흐르는 것을 참으며 8시간 동안 중노동을 합니다. 공기는 탁하기가 그지없어 호흡할 때 탄가루가 몸 속에 들어가 허파에 쌓이게 되고 급기야는 폐가 굳어지는 규폐병이라는 병이 듭니다. 그러면 광부의 일을 멈추고 병원 신세를 지게 되고 병이 악화되어서 젊은 나이에 세상을 떠나는 광부들이 적지 않다고 합니다. 그래서 막장인생이라고 부르는가 봅니다.

그와 같은 막장인생을 사는 사람이 자기의 자식에게 어떤 기대감을 가질까요? "사랑하는 내 아들아, 공부 열심히 하고 너도 나를 따라 탄광에 와서 일해라." 아마 이렇게 말할 부모는 한 사람도 없을 것입니다. 어느 광부의 아들이 쓴 시를 읽고 한참 동안이나 눈시울이 뜨거웠던 적이 있습니다.

우리 아버지는 탄을 캐신다.
나는 공부를 못하니까 광부가 되겠지….
아버지는 절대 광부가 되지 말라고 하신다.
거지가 되었으면 되었지
죽어도 광부는 되지 말라고 하신다.

막장인생을 사는 아버지의 피맺힌 절규가 아들의 시에 잘 나타나 있습니다. 아버지는 광부의 생활이 얼마나 비참한 것인가를 몸으로 체험해서 잘 알고 있는 사람입니다. 그래서 사랑하는 아들에게 차라리 거지가 될지언정 절대로 그곳에 와서는 안 된다고 힘써 만류하는 것입니다. 어떤 수단과 방법을 무릅쓰고서라도 아들이 그곳에 오는 것을 막으려는 것이 아버지의 심정입니다.

하나님은 심판의 무서움을 가장 잘 아시는 분입니다. 그래서 가장 적극적으로 당신이 그곳에 가는 것을 막으십니다. 구원자 예수를 믿으라고 합니다. 당신을 위해 대신 죽으시고 다시 사신 예수를 믿으라고 합니다. 믿기만 하면 심판에 이르지 않습니다. 믿기만 하면 영원한 생명을 누리게 됩니다.

"내가 진실로 진실로 너희에게 이르노니 내 말을 듣고 또 나 보내신 이를 믿는 자는 영생을 얻었고 심판에 이르지 아니하나니 사망에서 생명으로 옮겼느니라"(요한복음 5:24).

지금 그분의 이름을 부르며 당신의 무릎을 그분 앞에 꿇지 않으시렵니까?

다시 태어나지 아니하면

"바리새인 중에 니고데모라는 하는 사람이 있으니 유대인의 관원이라. 그가 밤에 예수께 와서 가로되 랍비여 우리가 당신은 하나님께로서 오신 선생인 줄 아나이다. 하나님이 함께 하시지 아니 하시면 당신의 행하시는 이 표적을 아무라도 할 수 없음이니이다.

예수께서 대답하여 가라사대 진실로 진실로 네게 이르노니 사람이 거듭나지 아니하면 하나님 나라를 볼 수 없느니라. 니고데모가 가로되 사람이 늙으면 어떻게 날 수 있삽나이까. 두 번째 모태에 들어 갔다가 날 수 있삽나이까.

예수께서 대답 하시되 진실로 진실로 네게 이르노니 사람이 물과 성령으로 나지 아니하면 하나님 나라에 들어갈 수 없느니라. 육으로 난 것은 육이요 성령으로 난 것은 영이니 내가 네게 거듭나야 하겠다 하는 말을 기이히 여기지 말라. 바람이 임의로 불매 네가 그 소리를 들어도 어디서 오며 어디로 가는지 알지 못하나니 성령으로 난 사람은 다 이러하니라"
(요한복음 3:1~8).

　　　　　예수님을 만난 사람들 가운데 니고데모라는 사람이 있습니다. 그는 예수님이 개인적으로, 또 사석에서 만났던 사람들 중에서 가장 저명한 인사에 해당될 만큼 신분이 높은 사람이었습니다. 그가 2천여 년이 흐른 오늘날에도 많은 현대인들로부터 호감을 사고 있는 까닭이 무엇일까요? 그의 믿음에는 치명적인 문제가 있었는데도 말입니다.

아, 니고데모

 니고데모는 대단한 명문 출신이었습니다. 그는 최고 교육을 받은 사람으로서 유대나라의 최고 의결기관인 산헤드린 공회의 회원으로 활약하고 있었습니다. 70명의 공회원 가운데서도 특별히 인품이 뛰어나고 발언권 또한 막강한 사람이었습니다. 니고데모는 그 누구보다도 높은 지위에 있었지만 현실과 안일하게 타협하지 않고 직접 문제와 부딪쳐 사건을 해결해 나가려는 통찰력을 지닌 사람이었습니다. 그 당시 산헤드린 공회원들은 예수 그리스도에 대하여 한결같이 증오와 질시의 감정을 가지고 어떤 꼬투리라도 잡아서 예수님을 비판하고자 혈안이 되어 있었습니다. 그러나 니고데모는 동료 공회원들과 무분별하게 어울리지 않고 예수님에 대해 독자적으로 어떤 결론을 얻고자 스스로 노력했던 현명한 사람이었습니다.

 어느날 밤, 니고데모가 예수님을 찾아왔습니다. 그 당시 작은 나사렛 마을에서 천한 목수일을 하던 시골 청년에게 니고데모와 같은 신분 높은 사람이 직접 찾아온다는 것은 대단한 뉴스가 아닐 수 없습니다. 니고데모가 그의 자존심을 포기하지 않고서는 도저히 불가능한 사건이었습니다.

 사랑의교회가 허름한 상가 빌딩에서 예배드리던 지난 날에, 부인들이 남편을 인도해 오기가 무척 어려웠다는 말을 많이 했습니다. 부인의 설득에 남편이 교회에 따라 나오기는 했지만 너무나 어설픈 건물과 예배 처소를 보고는 자존심이 상했나 봅니다. "나를 어떻게 보고 그런 후진 곳으로 데리고 가는 거야? 내 신분 내 체면에 도무지 맞지 않게." 하면서 그 다음부터는 남편이 교회에 나오지 않았다고 합니다.

전부 다 그런 것은 아니지만 지체가 있고 학력 수준이 높을수록 자기 체면을 더 내세우는 것 같습니다. 지체 높은 니고데모가 낮고 천한 나사렛 목수 예수 그리스도를 찾아왔다는 것은 대단한 결단과 대단한 겸손이었습니다. 이런 관점에서 볼 때 우리는 일단 그를 존경하는 마음으로 대할 수 있습니다. 그러면 그가 무슨 이유로 예수님을 찾아왔는지 그 이유를 살펴봅시다.

그의 예수관과 관심

"랍비여 우리가 당신은 하나님께로서 오신 선생인줄 아나이다. 하나님이 함께 하시지 아니하시면 당신의 행하시는 이 표적을 아무라도 할 수 없음이니다"(2절).

니고데모의 이 첫 인사말에서 우리는 그의 주된 관심이 오로지 이적 기사에 쏠려 있었다는 것을 알 수 있습니다. 그러나 니고데모의 말을 들으신 예수님은 전혀 뜻밖의 대답을 하셨습니다.

"진실로 진실로 네게 이르노니 사람이 거듭나지 아니하면 하나님 나라를 볼 수 없느니라"(3절).

예수님의 이 말씀에 니고데모는 대단히 놀랐습니다. 그래서 다음과 같이 반문했습니다.

"사람이 늙으면 어떻게 날 수 있사옵나이까. 두 번째 모태에 들어갔다 날 수 있사옵나이까"(4절).

니고데모는 대단히 심각했습니다. 그의 머리로는 도저히 이해가 되지 않았던 것입니다. 그러나 예수님은 말씀을 반복할 뿐 더 이상의 설명을 하지 않으셨습니다.

"진실로 진실로 네게 이르노니 사람이 물과 성령으로 나지 아니하면 하나님 나라에 들어갈 수 없느니라. 육으로 난 것은 육이요 성령으로 난 것은 영이니 내가 네게 거듭나야 하겠다 하는 말을 기이히 여기지 말라"(5~7절).

예수님은 '거듭나야 한다'는 것과 '하나님 나라' 이 두 가지에 지대한 관심이 있었습니다. 따라서 서로의 대화가 원활하게 소통이 되지 않는 것은 당연합니다. 예수 믿는 사람과 믿지 않는 사람이 서로 만나서 대화를 나눌 때 의사 소통이 잘 안 되는 경우가 자주 있습니다. 한 사람은 육적으로만 생각하고 다른 한 사람은 영적으로 생각하기 때문입니다. 이것이 신자와 불신자 사이의 갭입니다. 예수님과 니고데모 사이에는 이와 같은 메꿀 수 없는 갭이 작용했습니다. 그런 까닭으로 대화의 핵심이 빗나가고, 서로의 관심이 불연속선을 그리며 마지막까지 만나지 못하고 맞설 수밖에 없었던 것입니다.

니고데모는 겉으로 보기에는 결점이 없는 완벽한 사람에 가까웠습니다. 그러나 영적으로 살피시는 예수님 앞에서 그는 흔히 있는 자연인의 한 사람에 불과했습니다. 사람의 표준에서는 니고데모가 합격자였는지 모르지만 예수님의 표준에서는 분명히 불합격자였습니다. 그런데 구체적으로 어떤 점이 예수님의 안목에 빗나가는 문제였을까요?

자기 의(義)를 자랑하는 사람

니고데모는 유대교 전통을 이어받은 명문 집안에서 성장하였고 두뇌도 출중했습니다. 또 안식일을 반드시 지키고 십일조도 구별해서 바칠 뿐 아니라 며칠에 한 번씩 반드시 금식을 하는 등 구약성경에 기록된 율법은 하나도 어기지 않는 철저한 신앙의 사람이었습니다. 다른 사람들과는 비교가 안 될 만큼 자신이 의로운 사람이라고 자부하는 바리새 교인 중의 한 사람이었습니다. 따라서 하나님 나라에 들어가는 문제에 대해서는 전혀 걱정을 하지 않던 사람이었는지도 모릅니다. 왜냐하면 니고데모는 은근히 자기 신앙을 자부하고 있는 사람으로, 자기 의에 도취된 사람이었기 때문입니다. 그런 점이 예수님의 관점에서 결격 사유가 된 것입니다. 하나님이 보시는 표준과 사람이 보는 표준에는 이렇게 엄청난 차이가 있습니다.

　요즈음 많은 사람들이 니고데모의 후예가 되어서 그를 따라 행사하는 것을 보게 됩니다. "나만큼 양심적인 사람이 어디 있어? 나만큼만 양심적으로 살라고 그래! 예수를 믿든 안 믿든 말이야." 이런 은근한 자부심을 가지고 어리석게 행동하는 사람이 많습니다. 니고데모와 같이 자기 의에 도취된 사람들입니다. 마음에 특별한 변화가 없으면서 형식적으로 교회 생활을 잘하고 또 교회 봉사도 잘하는 사람이 있습니다. 이렇게 자기 의에 도취된 사람들은 자기의 선행을 잊지 않고 꼭 기억합니다. "내가 언제 ○○일을 했다. 내가 언제 ○○를 도와 주었다."고 말입니다. 하나님 앞에 가서 행여나 써 먹을 수 있을까 하고 기억하는 것입니다. 이런 사람은 자기 의를 내세우는 니고데모형의 사람입니다.

　자기 의를 들고 나오는 이런 사람을 하나님이 제일 싫어하십니다. 하나님 나라에 들어올 수 있는 사람의 자격이 어디에 있는지 살펴봅시다.

　"하나님께서 세상의 미련한 것들을 택하사 지혜있는 자들을 부끄럽게 하려 하시고, 세상의 약한 것들을 택하사 강한 것들을 부끄럽게 하려 하시며, 하나님께서 세상의 천한 것들과 멸시 받는 것들과 없는 것들을 택하사 있는 것들을 폐하려 하시나니 이는 아무 육체라도 하나님 앞에서 자랑하지 못하게 하려 하심이라"(고린도전서 1:27~29).

사람이 교만하게 자기 것을 들고 나오면 하나님 앞에서는 불합격입니다. 하나님은 자기 것을 아예 내놓을 만한 것이 별로 없는 사람들을 하나님 나라로 부르십니다. 아무도 하나님 앞에 나와서 자기를 자랑하지 못하도록 아무것도 자랑할 것이 없는 사람을 택하십니다. 우리는 여기에서 자기 의를 자랑하는 사람을 하나님이 얼마나 싫어하시는 가를 알 수 있습니다.

"너희가 그 은혜를 인하여 믿음으로 말미암아 구원을 얻었나니 이것이 너희에게서 난 것이 아니요, 하나님의 선물이라. 행위에서 난 것이 아니니 이는 누구든지 자랑치 못하게 함이니라(에베소서 2:8, 9).

이 말씀을 알기 쉽게 비유를 들어 말하면 이렇습니다. 누구든지 하나님 나라에 들어가려면 패스포드가 있어야 합니다. 여권이 하나 있어야 된다는 말입니다. 그런데 하나님께서는 하나님 나라에 들어가는 조건인 믿음까지도 사람에게 요구하지 않고 자기가 선물로 주셨다고 했습니다. 왜냐하면 누구든지 하나님 앞에 나와서 "내가 내 믿음을 가지고 구원 얻었다."고 자랑하지 못하도록 하기 위해서 선물로 주신 것입니다. 여기에서도 우리는 자기 의에 도취된 사람을 하나님이 얼마나 싫어하시는가를 잘 알 수 있습니다.

니고데모에게 있어서 문제점이 되었던 것은 예수님을 잘못 보았다는 사실입니다. 이적 기사만 보고 유대 사람의 견해에 비추어 위대한 선지자 정도로만 생각했던 것입니다. 즉 니고데모는 예수님을 그저 위대한 선생 정도로 머리 속에 그렸던 것입니다.

오늘날 스스로 지성인이라 자부하고 종교에 대해 상당히 식견이 있는 것처럼 행세하는 사람들 가운데 니고데모처럼 예수님에 대해 착각하고 있는 사람들이 많습니다. 그러나 지금까지 지식 수준이 높은 사람들을 많이 접해 보았습니다만 자기가 예수를 믿지 않더라도 결코 예수님을 과소평가하는 사람을 본 적은 없습니다. "예수가 무슨 대단한 인물이라구!" 혹은 "그는 꾸며낸 가공 인물이야!"라고 말하는 사람은 거의 없었습니다. 현대인들은 자기의 무식이 드러나고 잘못하면 체면마저 깎일지 모르는 그런 어리석은 말은 하지 않습니다.

대부분의 지성인들은 예수님이 주후 30년 경에 유대나라에서 살았던 사람이요, 십자가에 돌아가신 분이요, 위대한 기독교 창시자라는 것을 잘 알고 있습니다. 그리고 세계 역사에 크게 영향을 미친 역사적인 인물로 다 인정을 합니다. 그러나 그러한 지식을 가졌다고 해서 하나님 나라에 들어갈 수 있을까요? 천만에요. 예수님을 하나님의 아들이라고 시인하지 못한다면 당신의 예수관은 틀렸습니다. 예수님이 인류의 구원자라는 사실을 믿지 못한다면 하나님 나라에 들어갈 수 없습니다.

양자택일 하라!

저명한 고고학자요 변증학자였던 C.S. 루이스 박사는 오랫동안 예수님 문제로 진통을 겪은 사람이었습니다. 모태 신앙으로 어릴 때부터 주일학교에 다니며 예수님에 대해서는 귀가 아프게 들었지만 머리가 커지고 자의식이 생기면서부터 기독교에 대해 회의를 느낀 것입니다. 그래서 그는 교회를 떠나 몇 십 년 동안 세상에서 제 마음대로 생활을 했습니다. 게다가 세상의 학문에 심취하여 교만하게 예수님을 멋대로 비판했습니다. 그러나 그의 마음은 후련하지 않고 늘 갈등과 회의의 연속일 뿐이었습니다. 그래서 그는 이 문제에 매달려 수년 동안 진통하고 고심했었는데 드디어 하나님의 은혜로 그의 마음에 변화가 일어나게 되었습니다.

"예수님은 하나님의 아들이요. 나를 위해 십자가에 죽으시고 삼일만에 살아나셔서 나를 하나님 앞에 인도하는 구원자가 되셨다."라는 사실을 C.S.루이스가 확신하게 된 것입니다. 그 후로부터 그는 기독교에 회의를 느낀 사람을 깨우치기 위해 많은 글을 썼습니다. 그가 남긴 글 가운데 이런 말이 있습니다.

'나는 여기서 가끔 사람들이 그에 대해서 말하는 정말 어리석은 말을 어느 누구도 하지 않도록 하도록 노력합니다. 즉, 그 어리석은 말이라는 것은 '나는 예수를 위대한 도덕 선생으로 받아

들일 용의가 있다. 그러나 나는 그의 주장을 하나님의 것으로서 받아들이지는 않겠다.'는 등의 말입니다. 이것이 우리가 말해서는 안 되는 한 가지입니다. 단순한 인간으로서 예수님이 말씀하신 것과 같은 것을 말하는 사람은 위대한 도덕 선생이 아닐 것입니다. 그는 아마 미치광이거나 지옥에서 온 마귀일 것입니다. 당신은 결단을 내리셔야만 합니다.

이분을 하나님의 아들로서 인정하든지 미친 사람이거나 더 나쁜 사람으로서 판단하든지 둘 중에 하나입니다. 당신은 그를 바보로 인정할 수 있고 그에게 침을 뱉고 그를 마귀로서 죽일 수도 있습니다. 또한 당신은 그의 발 아래 엎드려 그를 주님, 그리고 하나님이라고 부를 수도 있습니다. 그러나 우리는 선심쓰는 체하며 그를 위대한 도덕 선생이라고 하는 불합리한 제안 따위는 하지 맙시다. 그는 우리가 결정할 어떤 여지를 남겨 놓지 않으셨습니다."

만약 당신이 아직도 예수님을 한 사람의 성자로 여기고 있다면 성경의 진리를 모르기 때문입니다. 니고데모는 예수님을 잘못 보았습니다. 마찬가지로 오늘날 많은 현대인들이 예수님을 자기의 시각으로 잘못 보고 있습니다. 그렇기 때문에 하나님 나라에 들어갈 자격이 없는 가장 비극적인 사람이 되는 것입니다.

세계 어디에서나 이적 기사를 행하는 부흥사가 집회를 인도할 때면 사람들이 많이 몰려 드는 것 같습니다. 그러나 예수님 이야기를 중심으로 하는 집회에는 많이 모이지 않습니다. 니고데모와 같이 이적 기사만 쳐다보는 사람치고 예수를 제대로 아는 사람은 별로 없습니다. 이것은 바른 신앙을 가지기 위해서 반드시 고쳐야 할 문제입니다.

중생(重生)

이적 기사를 좋아하는 니고데모에게 예수님이 가르치신 진리의 핵심은 중생(重生)입니다. 중생은 우리 속사람을 새롭게 만드는 창조 작업입니다. 지금까지는 아담의 후손이었고 아버지, 어머니로부터 태어난 사람의 후손이었지만 자신도 모르는 사이에 내면 깊은 곳에서 큰 변화가 일어나 드디어 하나님의 자녀로 탈바꿈을 하는 작업, 이것을 일컬어 '중생' 또는 '거듭난다' 고 말합니다.

거듭나는 일은 너무나 신비스러워서 대부분의 사람들은 그것을 인식하지 못하는 경우가 많습니다. 부지불식간에 일어나는 것입니다. 마치 어머니 뱃속의 아기가 모태에서 자기가 어떻게 태어나는지를 모르듯이 중생은 하나님의 손에서 신비스럽게 태어나는 작업입니다. 그러나 어떤 사람은 그 순간을 분명하게 기억하는 경우도 있습니다.

이미 세상을 떠난 이수정 집사 이야기입니다. 그 집사는 생전에 나에게 "목사님, 제가 하나님 자녀로 태어난지 네 돌째되는 생일을 맞았어요. 멸망의 구렁텅이에서 건져주신 주님께 감사드립니다."라는 글귀가 담긴 카드를 보내 왔습니다. 자기가 언제 거듭났는지 그날을 정확히 아는 부인입니다. 이제는 하나님 나라에서 행복하게 쉬고 있겠지만 마흔 살이 되도록 너무나 불우한 생을 살았던 사람이었습니다. 부모 형제가 없이 홀홀단신으로 날마다 남의 집 부엌에서 먹고 자야 했던 그녀는 공부를 한 적은 없지만 대학을 나온 사람이 깨닫지 못하는 거듭남을 알고 있었습니다. 박사가 아니었지만 박사가 감히 깨닫지 못하는 하나님 자녀의 신비스러움을 알고 있었습니다. 하나님이 주시는 큰 은혜를 받은 사람이었습니다.

어떤 사람이 새사람으로 태어날 수 있을까요?

하나님의 말씀에 귀를 기울이는 사람에게 거듭나는 역사가 일어납니다.

여기에 좋은 예가 있습니다. 유럽 지역에서 최초로 예수를 믿은 사람은 루디아라고 하는 부인입니다. 선교사 바울이 강가에서 설교를 할 때 루디아가 그의 말씀에 귀를 기울였습니다. 그 순간에 그는 거듭난 사람이 되었는데 성경은 그 사건을 이렇게 표현하고 있습니다.

"두아디라성의 자주 장사로서 하나님을 공경하는 루디아라 하는 한 여자가 들었는데 주께서 그 마음을 열어 바울의 말을 청종하게 하신지라"(사도행전 16:14).

루디아는 말씀을 듣고 있다가 성령께서 그 마음을 열어 주셔서 자기도 모르게 거듭났습니다. 그리하여 그의 온 가정이 다 세례를 받고 자기의 집을 개방하여 유럽 최초의 교회 역할을 감당했습니다. 우리가 말씀을 들을 때 하나님의 영이신 성령께서 작업을 하십니다.

성령이 해산 작업을 할 때 우리는 무엇만 하면 됩니까? 성경 말씀에 귀만 기울이면 됩니다. 태어날 아기가 뱃속에서 자꾸 발악을 하면 엄마의 생명까지 위험합니다. 성령이 일하실 때는 가만히 있어야 합니다. 말씀을 들을 때 자기도 모르게 마음이 열리면서 "그렇구나!" 하고 고개가 끄덕끄덕 해지면 벌써 거듭나는 사람이요, 그러나 말씀을 들으면서 얼굴이 찡그려지고 거부 반응이 생기면 중생의 역사는 일어나지 못합니다.

거듭나는 것은 이렇게 신비스럽지만 거듭난 사람이냐 아니냐를 따지는 것은 그리 어렵지 않습니다. 왜냐하면 증거가 금방 나타나기 때문입니다. 제일 먼저 나타나는 증거는 예수님을 정확하게 보는 사람으로 바뀐다는 사실입니다. 니고데모처럼 예수님을 성자나 선생으로 보지 않습니다. 예수님이야말로 하나님의 아들로서 나의 죄를 위하여 십자가에 죽으셨다는 것과 죽은지 삼일만에 부활하셔서 전 인류의 구원자가 되신 사실을 믿게 됩니다. 그리고는 무의식 중에 "주여!"라고 부르는 사람으로 바뀌어 있는 자신을 발견할 수 있습니다. 이렇게 중생받은 후로는 세상적인 생각과 생활태도가 점점 바뀌면서 예수님을 따라 기쁘게 신앙생활을 합니다. 먼지 속을 기어 다니던 애벌레가 번데기 속에 들어가 얼마 동안 있더니 드디어는 오색 찬란한 날갯짓을 하며 하늘을 나는 것을 봅니다. 한순간에 변한 이 나비처럼 중생도 이와 비슷합니다.

빌리 그레이엄이라고 하면 그 이름을 모르는 사람이 없을 정도로 인지도가 높은 세계적인 영적 지도자입니다. 그래서 그가 예수님을 영접하고 변화받은 동기 또한 대단히 극적일 것이라고 상상할 수 있습니다. 그러나 우리의 상상과는 다르게 그는 담담하게 예수 믿은 사람이었습니다.

그가 하루는 천막을 쳐놓고 부흥집회를 하는 곳에 친구들과 같이 가서 설교를 들었습니다. 부흥사 목사님이 설교를 한 다음 "이 시간 예수 그리스도를 믿기로 작정한 사람은 일어서서 앞으로 나오십시오."라고 말할 때 20대의 빌리 그레이엄은 무반응이었습니다. 그리고 그 다음날 집회에 또 참석했습니다. '결신자는 나오라.'고 하는 시간에 자기 친구가 그레이엄더러 같이 나가자고 했습니다. 그래서 반강제로 친구 손에 끌려 나가기는 했지만 빌리 그레이엄의 마음에는 변화가 없었습니다. 그리고 집에 돌아와서도 아무런 변화가 일어나지 않았습니다.

그런데 하룻밤을 자고 일어났을 때 그레이엄이 보는 천지가 확 변했습니다. 자기도 모르게 마음에 큰 변화가 일어난 것입니다. 새사람이 되었습니다! 하늘을 보니 과거에 보던 하늘보다 더 높고, 길가의 야생화는 예전보다 더 아름답게 보였습니다. 자기의 마음에 예수님이 들어오셔서 가득히 자리잡고 있는 것을 느끼게 된 것입니다. 말씀을 듣는 순간 자기도 모르게 일어났는데 '형광등' 처럼 감각이 둔해 조금 늦게 체험했던 것입니다.

어거스틴이라는 교부의 이름을 들어 보신 적이 있습니까? 유명한 신학자요, 철학자이기도 한 그는 총명함에 있어서 그 누구에게도 뒤지지 않았습니다. 그 당시를 풍미하던 수사학과 웅변술에도 아주 능통한 사람이었는데 그런 만큼 여인들에게 인기가 높다 보니까 자연히 사생활이 문란했습니다.

그러나 어거스틴이 서른 살 때 예수님 앞에 완전히 굴복하고 나서 거듭난 새사람이 되었습니다. 하루는 길을 가는데 예전 방탕하던 시절에 사귀던 여인이 알아보고는 "어거스틴!" 하고 불렀습니다. 아무리 거듭나도 옛날의 그 음성을 모를 리는 없지요. 그는 걸음을 멈추고 그 여자를 쳐다보지도 않은 채 이렇게 대답했다고 합니다. "나는 옛날의 어거스틴이 아닙니다!" 이와 같은 어거스틴의 행동에서 그가 거듭난 사람이라는 것이 증명된 것입니다.

변화는 중생받은 사람의 증거입니다. 오늘의 한국 현실에서 시급히 요구되는 캠페인을 들라면 저는 '새사람 운동' 이라고 말하고 싶습니다. 우리의 가정과 사회를 한 번 돌아 보십시오. 가치관을 잃고 혼란에 빠져 있는 사람들이 너무나 많습니다. 젊은 청년들을 한 번 보십시오. 또 우리의 정치 현실을 보십시오…. 사람이 변화되지 아니하면 아무리 제도를 뜯어 고쳐도, 아무리 헌법을 열 번 스무 번 개정해도, 아무리 수출을 많이 해도 이 사회는 바뀌지 않습니다. 하나님의 능력으로 새사람이 되기 전에 이 사회는 구제받지 못합니다. 근본적으로 바뀌지 않는 한 방법이 없습니다.

속사람이 변화되지 아니하면 행동이 변하지 않습니다. 아무리 결심해도 얼마 지나면 또 예전으로 돌아갑니다. 사람이 근본적으로 변하지 아니하면 교회가 골목 골목마다 수십 개씩 들어서도 이 사회의 혼탁한 물을 깨끗하게 할 수는 없습니다. 예수 믿는 사람 중에 엉터리 신자부터 먼저 거듭나야 합니다. 교회를 적당히 다니는 것으로 변화되지 않습니다. 자기 자신도 하나님 나라에 들어갈 수 없을 뿐 아니라 이 사회를 구제할 수도 없습니다.

하나님 나라

만약 하나님 나라에 들어가지 못하게 되면 영원한 심판을 면할 수 없습니다. 예수님은 니고데모에게 하나님 나라가 중요하다는 것을 거듭 강조하고 계시는데 우리 모두는 각성해야 합니다. 예수님은 하나님 나라에 관심을 두고 계시지만 우리는 썩어질 이 세상에 관심을 둡니다.

예를 들어 "나는 지금 35세이니까 70세까지 살려면 아직 35년 세월이 남아 있어."라고 그 35년에다 기대고 있습니다. 그러나 누구든지 중생받는 문제를 지금 당장 해결 못하면 예수님은 이 35년을 안심할 수 없는 시간으로 해석합니다. 우리의 좁은 소견에는 35년이 대단히 긴 것처럼 느껴지지만 절대자인 예수님의 눈에는 한점의 먼지처럼 아무것도 아닌 것입니다. 우리가 앞으로 몇 년 살 것이냐, 얼마나 건강하게 살 것이냐 하는 문제는 주님이 그렇게 관심을 갖고 있지 않습니다. 왜냐하면 영원한 하나님 나라는 너무나 행복한 곳이기 때문에 이 세상의 행, 불행은 예수님의 눈에 대단한 것이 못됩니다. 예수님은 하나님 나라에 들어가는 문제에 전적으로 관심을 기울이고 계십니다.

하나님이 교회를 세우시고 성도를 사방으로 흩어 전도하게 하시는 이유가 어디에 있습니까? 무서운 저 멸망의 구렁텅이를 향해 걸어가는 사람들을 건지기 위해서, 한 영혼이라도 지옥으로 가는 것을 막기 위해서입니다. 예수님은 지옥문을 열기도 하고 닫기도 하는 주권을 갖고 계신 분입니다. 지옥을 너무나 잘 아시기 때문에 우리가 영원한 심판을 면하고 하나님 나라로 들어오는 것에 모든 관심을 집중하고 계십니다.

아직도 예수를 믿지 않는다면 당신은 시한부 생명입니다. 무심히 넘기지 마세요. 반드시 새생명을 얻어야 합니다. 그러기 위해서는 예수님 안에서 거듭나야 합니다. 이 문제가 당신이 세상에서 당면한 그 어떤 문제보다도 가장 먼저 해결해야 할 급선무라는 사실을 잊지 마십시오.

"나는 부활이요, 생명이니 나를 믿는 자는 죽어도 살겠고 무릇 살아서 나를 믿는 자는 영원히 죽지 아니 하리라"(요한복음 11:25, 26).

사람이 되신 하나님

"태초에 말씀이 계시니라. 이 말씀이 하나님과 함께 계셨으니 이 말씀은 곧 하나님이시니라"(요한복음 1:1).

"말씀이 육신이 되어 우리 가운데 거하시매 우리가 그 영광을 보니 아버지의 독생자의 영광이요, 은혜와 진리가 충만하더라"(요한복음 1:14).

　　　　　　인류 역사상 오래 전부터 사람들은 신에 대해 어떤 병적인 환상을 가지고 있었습니다. 그 환상은 '신이 어떻게 생겼을까?' 하는 궁금증에서 나오는 일종의 추측을 말합니다. 그러한 까닭으로 많은 사람들이 이모저모로 신의 환상을 그렸는데 그 환상이 종내에는 어떠한 형태로 굳어졌습니다. 이것이 발전하여 나중에 미신이 되고 우상이 되고 종교가 되었습니다.

　인간은 무엇이나 형체를 떠나서는 그 실체와 의미를 포착할 수 없는 약점을 지니고 있습니다. 그래서 신에 대한 환상을 어떤 결정론적인 신관으로 굳혀 버렸는데 이것은 대단한 실수였습니다. 왜냐하면 하나님의 실체는 사람들이 추측하고 고집하는 그런 형태의 존재가 아니기 때문입니다.

형상이 없는 하나님

하나님은 자신을 무엇이라고 합니까?

그분은 형상이 없다고 하셨습니다. 이사야 선지자를 통해서 명확히 이렇게 말씀하셨습니다.

"너희가 하나님을 누구와 같다 하겠으며 무슨 형상에 비기겠느냐"(이사야 40:18).

또 이스라엘 백성이 광야생활을 할 때 하나님께서 모세의 입을 통해서 이렇게 말씀하셨습니다.

"여호와께서 화염 중에서 너희에게 말씀하시되 음성뿐이므로 너희가 그 말소리만 듣고 형상을 보지 못하였느니라"(신명기 4:12).

하나님께서는 자신이 형상이 없다고 분명히 말씀하셨습니다. 이런 의미에서 하나님을 어떤 모양이나 형상으로 마음에 그린다든지 또는 형상을 만들려고 하는 생각 그 자체가 하나님에 대한 모독이라고 할 수 있습니다.

초등학교 1학년인 어떤 아이에게 자기 아빠를 그려 보라고 했을 때 그 아이가 아빠를 돼지처럼 그렸다고 가정해 봅시다. 그림을 보니까 영락없는 돼지 모습입니다. 그런데 그 아이는 그것을 자기 아빠라고 우긴다면 우리는 어떤 느낌을 받게 됩니까? '이런! 애가 철이 없어도 이렇게 없을 수가 있나?' 하고 마치 그 아이가 자기 아빠를 모독하는 것처럼 생각되지 않겠습니까?

하나님은 형상이 없는데도 인간은 하나님을 이 모양, 저 모양으로 만들어 놓고 하나님이라고 고집을 합니다. 그러한 생각 자체도 하나님에 대한 모독입니다. 그런데 형상까지 만드는 우상 행위는 얼마나 하나님을 모독하는 것이 되겠습니까?

결국 분명하게 드러난 한 가지 사실은 하나님의 실체와 인간의 환상 사이에 엄청난 간격이 있다는 것입니다. 그리고 이것은 인간의 입장에서 볼 때 굉장한 딜레마로 등장했습니다. 그러므로 이 문제는 인간이 하나님의 수준으로 올라 가든지 아니면 하나님이 인간의 수준으로 내려 오시든지 둘 중에 하나가 이루어져야 해결이 가능한 문제였습니다.

말씀의 하나님

하나님께서는 이 문제의 어려움을 극소화시키기 위해서 구약 시대에는 말씀을 사용하셨습니다. 말씀이라는 매개체를 사용하셔서 직접 하나님이 음성으로 듣게도 하시고 어떤 때는 천사들을 보내기도 했습니다. 어떤 때는 선지자들을 보내서 사람들로 하여금 하나님의 말씀을 듣게 했습니다. 그러므로 구약의 하나님은 말씀의 하나님이셨습니다. 말씀으로 이스라엘을 애굽에서 구원하셨고, 말씀으로 홍해를 가르셨고, 말씀으로 시내산 광야로 인도하셨습니다.

성경에서 그 예를 하나 들어 보겠습니다. 모세가 가시덤불에서 불길을 본 사건입니다. 모세는 처음에 가시덤불에서 불이 난 줄 알았습니다. 그러나 나무가 타지 않는 것을 보고 이상히 여겨서 가시덤불 가까이 접근해 보았습니다. 그것은 화염이었습니다. 그러나 모세는 그것이 무엇인지를 몰랐습니다. 왜냐하면 말씀이 없었기 때문입니다. 드디어 "모세야, 모세야 네 발에 신을 벗으라" 하는 말씀으로 나타나시는 하나님 앞에 모세는 비로소 하나님이라는 존재를 알게 되었습니다. 그리고 그는 신을 벗었습니다. 그러나 하나님의 형상은 보이지 않았습니다.

"이 말씀은 곧 하나님이시니라"(요한복음 1:1)

하나님을 말씀이라고 한 것은 대단히 흥미있는 표현입니다. 하나님을 로고스(logos)라고 했습니다. 하나님이 말씀을 가지고 인간과의 교제를 지속해 오셨습니다만 역시 인간 편에 있어서는 여전히 문제가 남아 있었습니다. 왜냐하면 인간은 마음 깊은 곳에서부터 "하나님을 보여 주시오." 하는 간절한 욕구가 있었기 때문입니다. 빌립이 이것을 너무나 잘 표현했습니다.

"주여, 아버지를 우리에게 보여 주옵소서. 그리하면 족하겠나이다"(요한복음 14:8).

하나님을 보기를 원하는 것은 모든 사람들의 공통적인 소원입니다. 말씀으로만 나타나시는 하나님에게서 인간은 뭔가 후련함을 느끼지 못하고 하나님 모습을 보기 원했습니다. 이것이 얼마나 심각한 문제였는지 우리는 이스라엘 역사를 통해서 그 사실을 잘 알 수 있습니다.

이스라엘의 역사를 당신은 어떻게 보십니까? 성경을 가만히 보세요. 이스라엘 사람들은 아침에는 말씀하시는 하나님 앞에 가서 예배를 드리고 제사를 드린 사람들이 저녁에는 형상을 가진 신 앞에 가서 무릎을 꿇고 절을 했습니다. 어떻게 이럴 수가 있습니까? 말씀하시는 하나님 앞에 예배하던 백성들이 어떻게 형상을 가진 우상 앞에 가서 경배할 수 있습니까? 이처럼 인간의 모습은 왔다 갔다 하는 것입니다. 그들이 말씀하시는 하나님 앞에서 듣기는 들어도 '보았으면 좋겠다'는 욕망 때문에 형상을 가진 우상 앞에 가서 굴복을 하고 마는 것입니다. 이스라엘의 역사는 말씀의 하나님과 형상을 가진 우상 사이를 왔다 갔다 하는 일종의 갈등의 역사였습니다. 이것은 바로 신관(神觀) 문제로 끊임없이 갈등하는 인간 본연이라고 볼 수 있습니다.

이 난제를 풀기 위해 우리가 하나님 편으로 올라갈 수는 없습니다. 너무나 잘 아는 바와 같이 우리는 다 죄인이기 때문입니다. 그 어떤 사람도 하나님을 찾아 갈 능력이 없습니다. 하나님을 만날 만한 체면도 없습니다. 하나님과 만나서 떳떳하게 대화를 나눌 만한 양심도 없습니다. 우리는 모두 다 철저하게 죄인입니다. 그러므로 인간이 기대를 걸 수 있는 것이 있었다면 그것은 하나님이 인간 세계로 찾아오시는 것이었습니다. 그렇게 해야만 하나님과 인간 사이의 간격이 없어질 수가 있었습니다.

여기에서 우리는 어떤 오해도 하면 안 됩니다. 하나님이 사람이 되어서 세상에 오셔야 할 이유가 순전히 인간의 욕구를 채워 주기 위해서, 단순히 인간의 호기심을 만족시켜 주시기 위해서 오셨다고 생각하면 성경 전체의 진리를 크게 곡해할 수 있습니다. 어디까지나 인간 편에서 볼 때 그렇다는 이야기입니다.

왜 인간으로 오셨는가?

하나님 편에서 보실 때는 자신이 인간의 모습을 입고 오실 수밖에 없는 필연적인 이유가 두 가지 있었습니다.

첫째 이유는 우리에게 하나님을 정확하게 알려 주시려는 것입니다.

죄를 범한 인간은 하나님을 정확하게 아는 것이 생명입니다. 호세아 선지자는 이스라엘 백성을 바라보고 "내 백성이 지식이 없어서 망한다."고 했습니다. 하나님을 바로 아는 것이 내가 사는 길이요, 조금이라도 알지 못하면 내가 망하는 길입니다. 그렇다면 우리에게 하나님을 정확하게 알려 주시는 것은 우리를 구원하시려는 하나님의 입장에서 볼 때 너무나 당연한 일입니다.

어떻게 하면 하나님을 정확하게 알려 줄 수 있을까요? 공중에서 말씀만 가지고 정확하게 알려 줄 수 있을까요? 아닙니다. 구약에서 그것은 큰 효과를 거두지 못했습니다. 어떻게 우리에게 하나님 자신을 정확하게 알려 줄 수 있습니까? 인간은 눈에 보이는 하나님을 요구했습니다. 그래서 하나님께서 인간의 수준으로 내려 오시게 된 것입니다.

둘째 이유는 하나님 스스로 대속물이 되시려는 것입니다.

우리 인간을 죄와 죽음에서 구원하려면 죄의 값을 대신 지불할 만한 희생제물이 필요했습니다. 전 인류를 구원하기 위해서는 어떤 제물이 가장 합당한 제물이겠습니까? 구약에서와 같이 황소나 염소 같은 짐승으로 가능합니까? 아닙니다. 아무리 흠이 없고 깨끗하다 하더라도 그것으로는 인류의 모든 죄를 완전히 씻을 수 없다는 것이 드러났습니다. 수백 번, 수천 번, 수만 번 제사가 반복되는 악순환밖에 남는 것이 없습니다.

하나님은 모든 인류가 깨끗하게 씻음받고 용서받을 수 있는 제물을 세상에서 찾았지만 하나도 발견하지 못했습니다. 하나님은 "의인은 없나니 하나도 없다."고 하셨습니다. 하나님의 제단에 올려 놓을 깨끗한 제물이 이 세상에는 하나도 없었습니다. "피 흘림이 없이는 죄 사함이 없다."는 대전제를 하나님 자신이 깨뜨릴 수는 없습니다. 그러므로 피를 흘리는 완전한 제물이 하나님 제단에 올라 가야 하는데 이 문제를 풀기 위해서는 하나님 자신이 인간이 되는 길밖에 없었습니다. 우리를 구원하기 위해서 그 길밖에 다른 길이 없었습니다. 이것이 하나님께서 이 세상에 찾아오시게 된 필연적인 이유입니다.

이런 이유 때문에 하나님께서는 창세기부터 자주 예언을 하셨습니다. 창세기 3장 15절에 '여인의 후손으로 찾아오실 것'이라고 예언하셨고 이사야의 입을 통해서 '처녀의 몸에서 탄생하실 것'을 이미 몇 백 년 전부터 예언하시고 구원을 기다리는 많은 사람으로 하여금 그 하나님을 바라보도록 만들어 놓았습니다. 이 약속이 이루어진 것이 성탄의 기적입니다.

"말씀이 육신이 되어 우리 가운데 거하시매 우리가 그 영광을 보니 아버지의 독생자의 영광이요, 은혜와 진리가 충만 하더라"(요한복음 1:14).

이 짧막한 말씀 중에서 당신의 마음에 닿는 감동적인 단어가 무엇입니까? 각 사람마다 틀리겠으나 저에게는 "우리가 그 영광을 보니"라는 구절의 '본다'는 단어입니다.

하나님을 본 사람

구약에서 하나님을 보았다고 하는 것은 천사를 보고 하는 말이지 하나님을 본 것이 아닙니다. 하나님을 본 사람은 없습니다. 하나님이 말씀하시기를 "누구든지 나를 본 자는 반드시 죽으리라."고 하셨습니다. 아무도 하나님을 본 사람이 없는데 여기에 "우리가 그 영광을 보았다."는 말씀이 나옵니다. 드디어 인간의 소원이 이루어진 것입니다. 그렇게 보고 싶어하던 하나님을 두 눈으로 보는 큰기적이 일어난 것입니다. "우리가 그 영광을 보니!" 이 얼마나 감격스러운 말입니까! 여기에서 '영광'이라는 단어는 무엇을 뜻합니까? 글자 그대로는 '빛'을 말합니다. 간단하게 표현하면 '하나님 자신의 임재'라고 할 수 있습니다. 구약에서도 하나님의 임재가 영광으로 표현되었지만 구름만 보이거나 화염만 보이고 소리나 지진만 있었습니다.

구약에서 하나님의 영광이 처음 나타난 것은 만나를 처음에 내려 주실 때 '하나님의 영광이 구름 가운데 보였다'고 기록되어 있습니다. 그리고 십계명을 처음 주실 때 '하나님의 영광이 불꽃 가운데 나타나셨다'고 했습니다. 또 성막을 세울 때 '하나님이 그 성막 위에 구름으로 덮혔고', 솔로몬이 성전을 짓고 난 후 헌당식를 할 때 그 '성전 안에 구름으로 가득하게 임하신 하나님의 영광을 보았다'고 했습니다. 그러나 하나님의 형상은 없었습니다.

그런데 "우리가 그 영광을 보니"라는 말씀에서 그 영광은 구름을 의미하는 것이 아닙니다. 화염을 의미하는 것도 아닙니다.

음성을 의미하는 것도 아닙니다. 사람의 몸을 입고 오신 하나님, 바로 하나님의 모습입니다.

이것이야말로 얼마나 감동적인 사건입니까! 얼마나 환희에 넘치는 표현입니까! 막연히 읽을 말씀이 아닙니다. "야, 드디어 하나님의 영광이 보이는구나! 하나님이 드디어 우리 눈앞에 나타나셨구나! 내 눈에 보인다! 저분이 하나님이다!" 자신도 모르게 환성이 터집니다. 놀라운 감격이요, 놀라운 축복입니다.

참 사람이 되신 하나님

하나님께서는 우리가 눈으로 뚜렷하게 볼 수 있는 모습을 가지고 나타나시기 위해서 두 가지 일을 하셨습니다.

첫째는 육신이 되는 것이요, 둘째는 우리 가운데 거하시는 것입니다.

그런데 우리가 예수님에 대해서 잘 이해하지 못하는 부분이 있습니다. 그분은 참 하나님이요, 동시에 참 사람이란 점입니다. 한 분 존재 안에 두 속성을 가지신 분입니다. 우리는 그것을 잘 설명하지 못합니다. 그럼에도 불구하고 하나님이면서 동시에 사람인 이 사실을 믿지 아니하면 그는 신자가 아니라 불신자입니다. 만약에 이것을 부정하면 사도 요한이 말한 것처럼 이단입니다. 적그리스도입니다. 예수를 믿고 구원받기 원하는 사람은 예수님이 참 하나님이요, 참 사람이라는 이 사실을 반드시 믿어야 합니다.

예수님은 참 사람으로 이땅에 오셨습니다. 사람의 눈에 보이는 어떤 환상의 존재가 아닙니다. 그리고 이땅에 오신 그분은 구름을 타고 있는 분도 아니요, 저 성곽이 높은 궁중에 계신 분도 아닙니다. 바로 "우리 가운데 거하시는 분"으로 오셨습니다. "우리 가운데 거하신다."는 이 말은 원문에 "장막을 친다."라는 뜻으로 나와 있습니다. 좀 더 쉽게 풀이하면 "하나님이 이 세상에 오셔서 아예 천막에 말뚝을 치시고 우리와 함께 먹고 마시면서 동거한다."는 의미를 가지고 있습니다. 정말로 대단한 일입니다.

그런데 성경에서는 이 단어가 상당히 발전하면서 사용되는 예를 볼 수 있습니다. 구약시대에 이스라엘 백성이 40년 동안 광야에 있을 때는 하나님이 천막을 치고 계셨습니다. 이스라엘 백성이 살고 있는 그 회중 한가운데 천막을 치고 계셨는데 형상은 보이지 않고 순전히 장막만 보였습니다. 그러니까 천막이 하나님이 거기 계신다는 하나의 상징물이었습니다. 그래서 소위 성막이라고 하는 그 천막에서 그들은 하나님을 만났고, 하나님의 말씀을 들었습니다. 그리고 그곳에서 하나님 앞에 제사를 지냈습니다. 그러나 보이는 것은 천막밖에 없었습니다.

그런데 예수님이 오심으로 인해서 이 천으로 된 천막이 육체로 바뀐 것입니다. 마치 천막 속에 함께 거하시듯이 몸을 입고 오신 예수님, 그분이 우리 중에 거하십니다. 이제 우리는 천으로 된 천막을 보는 것이 아닙니다. 우리는 육체를 입고 나와 꼭 같은 모습으로 오신 하나님을 보는 데까지 이르렀습니다.

요한계시록 21장이 기록하고 있는 세계가 말로 다 표현할 수 없는 파라다이스입니다. 병도 없고, 죽음도 없고, 마귀도 없고, 우리를 유혹하는 죄도 없고, 슬픔도 없고, 늙는 것도 없는 오직 하나님이 택한 의인들만 영원히 사는 새하늘과 새땅입니다. 하나님은 그 나라에서도 "하나님의 장막이 사람들과 함께 있다."고 했습니다. 거기에서도 천막이 나옵니다. 그런데 그 천막은 구약시대에서 본 천으로 된 천막이 아닙니다. 그러면 신약시대에 팔레스타인 한쪽 모퉁이에 잠깐 오셨다가 가신, 육체를 입고 계신 그와 같은 장막을 말합니까? 아닙니다. 이것의 신비스러움은 글로써 표현하기가 상당히 어려운 것 같습니다. 왜냐하면 그것은 영광스러운 하나님 자신을 말하고 있기 때문입니다.

은혜의 충만

"아버지의 독생자의 영광이요, 은혜와 진리가 충만하더라"(요한복음 1:14).

여기에서 '은혜'라는 말은 글자 그대로 말하면 '값없이 얻는 선물'입니다. 또 다른 의미로 말하면 '아름다운 것'이 은혜입니다. 그렇다면 '아름답고 값없이 얻는 선물'은 무엇입니까? 하나님의 아들이신 예수님의 모습, 즉 나와 꼭 같은 몸을 입고 찾아오신 그분의 모습 그 자체가 아름답고 값없이 얻는 선물인 은혜라고 말하고 싶습니다.

하나님이 육신을 입고 이 세상에 오셨다는 것은 하나님 자신에게는 대단한 희생입니다. 대단한 자기비하입니다. 이것은 하나님께서 낮은 자리로 임하시는 것을 의미합니다. 낮고 미천한 우리들이 어떻게 그 하나님을 만날 수 있을까요? 감격이 없이는 불가능한 일입니다. 눈물없이는 그 하나님을 만날 수 없습니다. '하나님이 나 같은 모습을 입고 오셨다니!' 그것 하나만 해도 인간의 감정으로는 너무나 북받치는 흥분이 될 수 있습니다. 이것은 은혜입니다.

눈 먼 딸과 눈 먼 엄마

《리더스 다이제스트》에 게재되었던 이야기입니다. 에드워드 골드 세이더라는 사람이 스스로 체험한 것을 짤막하게 쓴 아름다운 글입니다.

세이더는 헤어진 사람들을 만나게 해주는 유별난 직업을 갖고 있었습니다. 요사이 우리말로 하면 문제 해결사라고 할 수 있겠지요. 그런데 하루는 그에게 스콰이어즈라는 부인으로부터 편지가 왔습니다. 12년 동안이나 만나지 못한 클로디어라는 자기 딸을 찾아 달라는 내용이었습니다. 그 부인은 재혼을 한 사람이었는데 그의 전 남편은 한국 전쟁에서 전사를 했다고 했습니다. 그때 그 남편과의 사이에 딸이 하나 있었는데 부인이 재혼하기 4년 전에 여덟 살 난 딸을 고아원에 맡긴 것입니다. 그 딸은 금발의 머리에 파란 눈을 가졌으며 특별히 음악에 재능을 가지고 있었습니다.

그 부인이 딸을 고아원에 맡긴 후 1년 동안은 가끔 소식이 왔습니다. 성악 레슨을 받으며 아주 귀엽게 자란다는 소식이 온 뒤 1년이 좀 지나자 딸의 소식이 뚝 끊어져 버렸습니다. 들리는 소문에 의하여 누구의 양녀로 입양된 듯하다고 했습니다. 그리고 12년 동안 전혀 소식이 없었습니다. 그리고 이 부인은 지금의 남편과 재혼했습니다. 그런데 스콰이어즈 부인은 그 딸이 너무나 보고 싶고 소식이 궁금했습니다. 아무리 수소문해도 찾을 수가 없었습니다. 그래서 세이더라고 하는 전문가에게 딸을 찾아 달라고 의뢰를 한 것이었습니다.

"음악에 소질이 있고 성악 레슨을 받은 경력이 있음. 이름은 클로디어." 세이더가 같은 이름을 가진 사람을 계속 추적한 결과, 드디어 비슷한 사람을 찾아 내었습니다. LA의 나이트 클럽에서 저녁마다 노래를 부르는 클로디어라는 여성이었습니다. 나이도 스무 살로 거의 맞았습니다. 그리하여 세이더가 편지를 띄우고 클로디어가 공연을 하는 나이트 클럽으로 찾아 갔습니다. 무대 공연이 끝난 뒤 쉬는 시간에 세이더가 무대 뒤로 그녀를 찾아 갔습니다. 그때 어떤 금발의 여인이 의자에 앉아서 뜨개질을 하고 있었습니다. 그 여인에게 세이더가 자기 소개를 하니까 "예, 제가 이미 편지를 받았어요. 저의 매니저가 그 편지를 읽어 주었어요. 저는 시각장애인이거든요."라고 그녀가 답변했습니다.

세이더는 그녀에게 스콰이어즈 부인의 이야기를 하면서 자기가 찾아 온 목적을 밝혔습니다. 그런데 그 이야기를 가만히 듣고 있던 그녀의 얼굴이 무섭게 일그러지면서 갑자기 분노에 떠는 모습으로 바뀌었습니다. 그리고 하는 말이 "바로 나예요! 내가 그 아이예요. 여덟 살 때 어머니는 나를 고아원에 버렸어요. 내가 시각장애인이 된다는 것을 알고 나를 버린 거예요. 왜 이제야 나를 만나려고 해요? 나는 만나고 싶지 않아요!" 하고 클로디어는 거칠게 돌아 앉았습니다. 세이더가 아무리 사정을 해도 그녀는 완강히 거부했습니다. 그래서 세이더는 돌아가서 생각을 하다가 그녀의 양부모에게 전화를 걸었습니다. 친모와 한번만 만날 수 있도록 주선해 달라고 간청을 한 것입니다. 그 양부모의 덕분으로 호텔에서 모녀가 상봉하는 기회를 갖게 되었습니다. 드디어 그날이 왔습니다. 클로디어가 혼자 들어가지 않으려고 해서 세이더가 그를 데리고 들어갔습니다. 방문을 열고 들어가니 커다란 소파에 파란 눈의 여인이 조용히 앉아 있었습니다. 클로디어의 엄마였습니다. 클로디어가 목에서 겨우 기어나오는 소리로 "안녕하세요?" 하고 더듬거리면서 인사를 했습니다.

"이게 몇 년만이지? 할 이야기가 많은 것 같았는데, 어찌된 셈인지 생각이 통 안나는구나. 네 목소리는 옛날과 조금도 달라진 것이 없구나!" 라는 어머니의 말을 들은 클로디어는 갑자기 신경질적으로 "그만 두세요. 듣기 싫어요." 하고 소리를 쳤습니다. "너를 좀 찬찬히 보고 싶구나." 그리고는 일어나서 두 팔을 벌렸습니다. 그러자 세이더가 클로디어를 끌어다가 어머니 앞으로 인도했습니다. 그리고 그는 어머니가 딸을 포옹하려는 줄 알고 뒤로 좀 비껴 섰습니다.

그런데 그것이 아니었습니다. 어머니가 손을 딸의 어깨 위에 얹더니 더듬더듬 딸의 얼굴을 만지기 시작했습니다. "어쩜, 내 딸이 많이 컸구나, 게다가 아주 이뻐지고." 딸이 머뭇머뭇 자기의 얼굴을 만지는 어머니의 손에 자기 손을 얹고는 놀라서 소리 쳤습니다. "아니, 그럼 엄마도 ?" 딸의 그 말을 들은 어머니는 나직히 "그래, 나도 너와 같이 앞을 못 본단다. 그렇지만 너라면 어디서 만나더라도 꼭 알아 볼 수 있을 거라고 생각했었지." 어머니의 그 말을 듣자 딸은 와락 울음을 터뜨리며 어머니의 품에 쓰러졌습니다.

모든 원한, 모든 감정이 한 순간에 녹아내리는 장면이었습니다. 그 어머니는 과거에 유전성 눈병을 앓고 있었습니다. 그리고 그때 딸에게도 똑같은 증상이 나타나는 것을 보았습니다. 그래서 두 사람 모두 시각장애인이 되는 것을 감당할 수가 없어서 딸을 고아원에 맡긴 것인데 클로디어는 그 사실을 전혀 몰랐던 것입니다.

"나와 꼭 같이 눈이 먼 엄마를 만나는 감격!" 만약 시각장애가 없는 어머니를 만났다면 응어리진 그 딸의 마음에는 결코 따뜻한 봄이 찾아오지 않았을 것입니다. 자기와 어머니가 꼭 같은 문제를 가진 시각장애인이라는 사실을 알았을 때 딸의 마음은 순식간에 녹아내렸습니다. 한 순간에 둘은 하나가 될 수 있었던 것입니다.

어쩌면 나와 꼭 같이

예수님을 볼 때 "아, 그분은 어쩌면 나와 똑같이 닮았을까?" 하고 감격합니다. 예수님은 이사야가 표현한 것처럼 아름다운 것도 없습니다. 흠모할 만한 것도 없습니다. 사람들이 볼 때에 전혀 드러날 만한 존재가 아니었습니다. 하늘에서 누리던 그 찬란한 영광을 보잘것없는 육체의 옷으로 덮으시고 오신 것입니다. 우리로 하여금 조금도 거리감이 없도록 하기 위해서, 조금도 마음에 부담을 갖지 않도록 하기 위해서 그는 우리와 꼭 같은 모습으로 찾아오셨습니다.

어떻게 하나님이 이런 모습으로 찾아오실 수 있을까요! 세리가 만나도 조금도 마음에 부담이 없었습니다. 창녀가 만나도 거부감을 느끼지 않았습니다. 가난한 자들이 만나도, 세상에 실패한 자들이 만나도 포근히 안길 수 있는 꼭 같은 모습이었습니다. 너무나 감격적인 사실입니다. 눈물없이는 볼 수 없는 사실입니다. 그래서 바울은 이 사실을 놓고 감격적인 말 한 마디를 했습니다.

"미쁘다 모든 사람이 받을 만한 이 말이여. 그리스도 예수께서 죄인을 구하시려고 세상에 임하셨다 하였도다. 죄인 중에 내가 괴수(魁首)니라"(디모데전서 1:15).

바울이 볼 때에 자기 앞에 나타난 예수 그리스도는 죄인의 괴수인 자기와 다를 바 없는 모습이었습니다. 너무나 감격스러운 사실입니다. 이것이 성탄의 기쁨이요, 감격입니다. 이것이 성탄의 기적입니다.

영광스러운 하나님이 당신을 구원하시기 위해서 당신과 꼭 같은 모습으로 오셨습니다. 그 놀라우신 하나님의 은혜를 체험할 수 있도록 당신의 마음을 여십시오.

죄인임을 고백하고 예수님을 당신의 구주로 영접하십시오! 그리하여 평생토록 당신과 꼭 같은 모습의 하나님을 만난 감격을 맛보며, 주님 앞에서 늘 은혜 충만한 삶을 사는 행복한 사람이 되십시오.

목마른 인생

"예수의 제자를 삼고 세례를 주는 것이 요한보다 많다 하는 말을 바리새인들이 들은 줄을 주께서 아신지라(예수께서 친히 세례를 주신 것이 아니요 제자들이 준 것이라). 유대를 떠나사 다시 갈릴리로 가실새 사마리아로 통행하여야 하겠는지라. 사마리아에 있는 수가라 하는 동네에 이르시니 야곱이 그 아들 요셉에게 준 땅이 가깝고 거기 또 야곱의 우물이 있더라.

 예수께서 행로에 곤하여 우물 곁에 그대로 앉으시니 때가 제 육시쯤 되었더라. 사마리아 여자 하나가 물을 길러 왔으매 예수께서 물을 좀 달라 하시니 이는 제자들이 먹을 것을 사러 동네에 들어갔음이러라. 사마리아 여자가 가로되 당신은 유대인으로서 어찌하여 사마리아 여자 나에게 물을 달라 하나이까 하니 이는 유대인이 사마리아인과 상종치 아니함이러라.

 예수께서 대답하여 가라사대 네가 만일 하나님의 선물과 또 네게 물좀 달라 하는 이가 누구인줄 알았다면 네가 그에게 구하였을 것이요, 그가 생수를 네게 주었으리라. 여자가 가로되, 주여 물 길을 그릇도 없고 이 우물은 깊은데 어디서 이 생수를 얻겠삽나이까. 우리 조상 야곱이 이 우물을 우리에게 주었고 또 여기서 자기와 자기 아들들과 짐승이 다 먹었으니 당신이 야곱보다 더 크니이까.

 예수께서 대답하여 가라사대 이 물을 먹는 자마다 다시 목마르려니와 내가 주는 물을 먹는 자는 영원히 목마르지 아니하리니 나의 주는 물은 그 속에서 영생하도록 솟아나는 샘물이 되리라"(요한복음 4:1~14).

　　　　　예수님이 세상에 계실 동안 개인적으로 몇 명의 여인들에게 전도하셨는지 정확히 알 수는 없습니다. 그러나 꼭 한 군데 성경에 기록된 예가 있습니다. 예수님이 공적으로는 많은 여인들을 전도했습니다만 사적으로 직접 찾아 가서서 대화를 나누는 중에 여인을 구원하시는 예는 본문에 나타나 있는 것이 유일한 대목입니다.

　그런데 본문에 등장하는 이 수가성의 여인은 초혼에 실패한 불행한 여자였습니다. 그 이후에 무려 네 명의 남자를 거치며 전전하다가 또 실패하고 이제는 어디서 만났는지 모르는 여섯 번

째의 남자와 동거생활을 하는 처량한 여인이었습니다.

태초에 하나님이 인간을 창조하실 때 하나님은 여자를 매우 존귀한 존재로 만드셨습니다. 단지 남자를 먼저 만드셨다는 순서의 차이뿐이지 남녀를 동등한 인격으로, 존귀한 하나님의 형상을 닮은 피조물로 창조하셨습니다.

메튜 헨리라는 유명한 성경학자는 "남자가 머리라면 여자는 그 머리의 왕관이다. 남자가 아주 정련된 흙에서 만들어졌다면 여자는 두 배로 정련된 흙에서 만들어졌다."고 말했습니다.

메튜 헨리의 말을 분석해 본다면, 남자는 흙으로 만들어졌지만 여자는 흙보다 한 단계 발전된 남자의 갈비뼈로 만들어졌다는 말입니다. 왜 하나님이 남자의 갈비뼈로 여자를 만드셨을까요? 그것은 남자와 여자가 서로 평등한 존재라는 것을 나타냅니다. 하나님은 여자가 남자의 마음 가장 가까운 곳에서 항상 사랑과 보호를 받는 존재가 되도록 하기 위해서 남자의 중요한 부분인 가슴 부위의 뼈를 사용하여 여자를 만드셨다는 것입니다.

천시된 여자의 존재

하와가 하나님을 반역하고 죄를 범함으로 인하여 인간은 하나님의 곁을 떠나게 되었습니다. 낙원을 떠난 후에 더 피해를 당한 쪽은 여자입니다. 여자는 불순종으로 인하여 하나님 앞에서

쫓겨난 다음부터 남자와 동등한 대우를 받지 못하는 자리에 서게 되었습니다.

"모든 성도의 교회에서 함과 같이 여자는 교회에서 잠잠하라. 저희의 말하는 것을 허락함이 없나니 율법에 이른 것같이 오직 복종할 것이요"(고린도전서 14:34).

먼저 선악과를 따먹은 죄와 아담까지 죄악에 끌어들인 죄 때문에 하와의 후예들은 오늘날까지 그 죗값을 지불하며 고통 속에 살고 있습니다.

인류 역사상 오랜 세월 동안 여자는 남자의 사유재산처럼 취급을 받았습니다. 이것은 그리스의 철학자 아리스토텔레스의 말 속에서도 확연히 드러납니다.

"만약 여인이 자기 남편과 동등하다고 주장한다면 그것은 마치 노예가 상전과 동등하다고 하는 것처럼 사회질서는 무너지고 말 것이다."

여자를 노예 취급해야 사회질서가 유지된다는 이런 비참한 풍조는 16세기가 되어서도 변하지 않았습니다. 유명한 종교개혁자 루터는 이런 말을 했다고 합니다.

"여자 아이는 남자 아이 보다도 빨리 말을 배우고 걸음마를 빨리 배운다. 왜 그런지 아니? 잡초는 좋은 곡식보다 빨리 자라는 거야."

이 우스개 같은 루터의 말에서 당시의 뿌리 깊은 남존여비 사상을 엿볼 수 있습니다. 여자가 투표권을 행사하기 시작한 것도 19세기 말에 이르러서야 가능했습니다. 그만큼 여자는 수천 년의 역사를 통해서 천대를 받아 왔습니다.

그런데 예수님이 세상에 오시자마자 그때까지 타락한 남자들에게 짓밟혀진 여자의 인격이 파격적인 대우를 받기 시작했습니다. 얼마나 주님이 여자들을 극진히 대우했는지 모릅니다. 예수님이 부활하신 다음에 제일 먼저 만난 사람은 남자가 아니고 여자였습니다. 일찍이 복음이 증거되어 기독교 문명이 싹트기 시작한 유럽에서 제일 먼저 예수를 영접한 사람은 남자가 아니고 여자였습니다. 기독교가 전파되는 곳마다 인권이 신장되고 특히 여권이 더욱 신장됩니다. 그런 결과로 오늘날 여성들도 그들의 인격과 권리를 되찾게 되었고 여자도 한 사람의 인간으로서 인정받는 자리에 서게 되었습니다.

우리 나라의 경우 지금으로부터 100년 전만 해도 여성들의 지위가 낮고 천했던 것은 사실입니다. 그러나 복음이 이땅에 들어오고 난 뒤 여성의 지위는 현저하게 향상되었습니다.

천한 여인을 찾아오신 예수님

예수님이 여자들의 신분과 권리를 존중하신 까닭으로 성경 안에는 여성들의 이름이 많이 등장합니다. 그 중에서도 예수님이 여성들의 인격을 가장 감동적으로 대우해 주신 곳을 찾는다면 요한복음 4장을 말하고 싶습니다. 예수님이 갈릴리로 가시다가 일부러 사마리아로 길을 바꾸어 들어가신 이유가 무엇인지 아십니까? 세상에 버려진 천한 여인 한 사람을 구원하기 위해서 일부러 먼길을 찾아오신 것입니다.

예수님이 걸어 오신 길이 어느 정도의 거리인지 정확하게 말할 수는 없지만 이른 아침 예루살렘에서 출발하여 수가성이라는 사마리아 지역의 우물가에 도착했을 때가 거의 12시경이었으니 줄잡아 서너 시간이나 뜨거운 햇볕을 받으며 찾아오신 것입니다. 세상에서 손가락질 당하는 비참한 영혼 하나를 구원하기 위해 하나님의 아들이 수가라는 조그마한 동네까지 오신 것입니다.

역사 속 어디에서 이런 기막힌 이야기를 찾을 수 있겠습니까? 그 천한 여인의 생명을 위하여 하나님의 아들이 직접 찾아오셔서 만나시는 대목에서 모든 여성들은 감격의 눈물을 흘려야 할 것입니다. 오늘날 교회를 다니는 많은 여성들이 옛날의 막달라 마리아처럼 주님을 무척 사랑하는 까닭이 여기에 연유한다고 봅니다. 그래서 교회 안에 여자의 수가 남자보다 더 많은 것이 당연한지도 모릅니다.

예수님이 영혼 하나를 얼마나 사랑하시는지 수가성의 사건과 맞먹는 또 하나의 에피소드가 있습니다. 미친 사람 하나를 구원하시려고 돼지를 몇 십 마리인지 몇 백 마리인지 모르지만 많은 숫자를 희생시킨 사례가 성경에 나옵니다. 미친 사람의 영혼 하나를 구원하기 위해서 그 막대한 재산을 아예 송두리째 내버리도록까지 주님께서 하신 일이 있습니다. 그만큼 예수님은 영혼 하나 하나를 귀히 보십니다.

미국에서 유학하는 동안 교포 교회에서 몇 번 불쌍한 여인들을 상담해 본 적이 있습니다. 어느 부인은 찾아와서 두세 시간을 이야기하는데 처음부터 끝까지 눈물과 콧물을 흘리면서 도무지 알아 들을 수 없도록 횡설수설 이야기를 늘어 놓았습니다. 정상적인 생활이 아닌 까닭에 눈치와 천대를 받으며 살아왔고, 또 정신적으로도 건전하지 못하니까 하소연조차 조리있게 못했습니다. 영어도 제대로 못하고 한국말도 오랫동안 쓰지 않아서 국적 불명의 이상한 말을 하는데 도무지 알아 들을 수가 없었습니다. 그들과 조용히 앉아서 대화를 나누는 중에 내 가슴 속에는 예수님이 천한 사마리아 여인을 찾아오셨다는 사실이 얼마나 엄청난 감동으로 와 닿았는지 모릅니다. 목회자로서 이래선 안 되는데 하면서도 건전한 여성과 이야기할 때만큼 마음이 가질 않았습니다. 선을 먼저 긋게 됩니다.

죄없는 하나님의 아들 예수 그리스도가 천한 여자를 찾아오셔서 우물가에서 일 대 일로 만나셨다는 것은 상상할 수 없는 사건입니다. 한 영혼을 위해 그 마음에 흘리는 눈물이 얼마나 많은 분이셨길래 그처럼 추한 여인을 직접 찾아가셨을까요?

고독에 짓눌린 여인

수가성 여인에게는 자기 자신이 어찌할 수 없는 깊은 고통이 몇 가지 있었습니다.

첫째, 고독이라는 정신적인 고통이 있었습니다.

수가성 여인이 정신적인 고통을 겪었다면 '고독'을 우선적으로 들 수 있을 것입니다. 얼마나 고독했을까요? 긴 설명이 필요 없을 만큼 너무나 고독한 여인입니다. 비록 지금 남자와 살고 있지만 벌써 여섯 번째 맞이한 남자입니다. 어찌할 수 없어서 사는 것이지 언제 헤어질지도 모르는 사이일 것입니다. 위로 받을 자식도 없는 것 같습니다. 당연히 이웃도 없습니다. 그 당시만 해도 그런 생활을 하는 여자는 거들떠 보지도 않았습니다. 먹고 사는 것만 해도 지극히 다행한 일입니다.

그 여인은 사람 만나기가 싫었을 것입니다. 당시 사마리아에서 물길러 나오는 것은 시원한 아침 저녁 시간을 이용했습니다. 햇볕이 강하게 쪼이는 12시 경에는 사람들이 집밖으로 잘 나오지 않았습니다. 그런데 바로 인적이 드문 그 시간을 이용하여 살금살금 물길러 나온 그 여인은 얼마나 큰 고독을 소유한 사람입니까? 하지만 고독이라는 것은 수가성 여인만의 것은 아닙니다. 이 세상에 살고 있는 모든 사람은 누구나 근본적인 고독을 안고 있습니다.

도대체 이 인간의 고독이 언제부터 생겨난 것일까요?

성경을 살펴보면 하와가 선악과를 따 먹었을 때부터 인간의 고독이 시작되었다는 생각을 하게 됩니다. 하나님이 아담에게 "너 왜 이것 먹느냐? 내가 먹지 말라고 하지 않았느냐?"라고 하셨을 때 아담은 그 책임을 하와에게 전가 시켰습니다. "당신이 만들어서 내게 주신 저 여자가 먹으라고 해서 먹었나이다."라고 말한 것입니다. 하와가 남편으로부터 그 말을 듣는 순간에 고독이 탄생했다고 생각합니다. 그런데 아담이 "내가 먹고 싶어서 먹었나이다."라고 자기의 책임을 인정했더라면 하와가 그렇게 고독함을 느끼지 않았을 것입니다. 하와는 자기를 사랑한다는 남편도 결국 자기와는 다른 또 하나의 개체일 수밖에 없다는 뼈아픈 고독을 느꼈을 것입니다. 이런 이유로 아무리 남녀가 결혼하고 나서 "정말 행복하다" "꿀맛이다" 해도 남자는 남자대로 고독이 있고 여자는 여자대로 고독이 있습니다. 이것은 아담과 하와 때부터 비롯된 필연적인 것입니다.

흔히들 학자들이 "현대인은 역사상 가장 고독한 존재"라는 말을 합니다. 또 우리는 "군중 속의 고독"이라는 말을 가끔 듣게 됩니다. 칼 로저스라는 심리학자는 현대인의 고독을 두 가지로 정의했습니다.

먼저는, 자기 자신으로부터 소외된 상태에 있기 때문에 고독하다고 말합니다. 쉽게 말하면 자기를 상실했기 때문에 고독하다고 말합니다. 현란한 현대문명 속에 사는 우리는 '나 자신'을 도둑 맞은지 벌써 오래됩니다. 돈에 인격을 값싸게 팔아 넘기고, 쾌락에 내 자신의 인격과 고귀한 영혼까지 송두리째 내던지고 텅텅빈 로봇과 같은 인간이 되어버린 지가 오래입니다. 그러므로 인간은 몹시 고독합니다.

또 다른 하나는 자기를 내어 줄 만한 대상을 발견하지 못했기 때문이라고 합니다. 아무도 믿을 사람이 없다는 것입니다. 그래서 고독합니다. 참 옳은 말이라고 생각합니다. 사람이 사람답게 참 멋있게 사는 것은 그저 내 생명을 몽땅 주고도 아깝지 않는 어떤 대상을 찾을 때만이 가능합니다. 그때에 고독에서 벗어날 수가 있고 날마다 의욕을 가지고 활활 타오를 수 있는데, 나 자신을 송두리째 바칠 만한 대상이 없습니다. 그러므로 인간은 고독을 느낄 수밖에 없습니다. 그래서 개인주의의 울타리가 더높이 올라가는 것입니다.

사랑의 갈증

수가성 여인에게 있었던 두 번째 정신적 고통은 사랑의 갈증이었습니다. 얼마나 사랑에 굶주린 여인인지 어쩔 수 없이 여섯 번째 남자를 의지하고 사는 여자입니다.

저는 성경에서 제일 불쌍한 사람을 택하라면 솔로몬이라고 말할 것입니다. 처첩이 천 명 정도나 되니까 아무도 사랑하지 못한 사람이나 마찬가지입니다. 마음이 그렇게 나뉘는 것이 가장 불쌍한 사람입니다. 이 여인도 벌써 여섯 번째 남자라고 하면 사랑이 없다는 것입니다. 사랑받지 못하는 것만큼 사람을 초라하게 만드는 것이 없습니다. 사랑을 받지 못하면 자기 가치를 상실해 버립니다. 도대체 왜 살아야 하는지 그 의미를 잃어 버립니다. 그러나 사랑을 받으면 자기 가치를 발견합니다. 사랑받고 있는 그것 때문에 '나는 살아갈 의미가 있다.'고 생각하는 것이 인간입니다.

이름을 기억할 수 없는 유럽에 있는 어느 긴 다리에서 생긴 일입니다. 어느날 그 다리 난간에 꽃다발이 하나 걸려 있었습니다. 그것을 본 어떤 사람이 "여기에 왜 꽃다발을 걸어 두었나요?" 하고 난간에서 강물을 바라보던 사람에게 물었습니다. 그는 말하기를 "조금 전에 스포츠 카를 몰고 온 어떤 여인이 개 한 마리를 품에 안고 투신자살을 했어요. 그래서 내가 여기에 꽃다발을 걸어 놓았답니다."라고 대답했습니다. 그리고 그 여인이 타고 온 스포츠 카 안쪽에서 한 장의 유서를 발견했습니다. 거기에는 '아무도 나를 사랑하는 사람이 없다. 이 개 외에는' 라는 글이 적혀 있었습니다. 사랑을 받지 못하면 인간은 이렇게 비참해집니다.

조용히 자신에게 물어보십시오. 이 지구상에서 당신을 진실로 사랑하는 사람이 있습니까? 하나님처럼 조건없이 당신을 사랑하는 사람이 있습니까? 하나님은 당신의 솔직한 대답을 원하고 계십니다.

영적인 갈증

수가성 여인에게 있었던 세 번째 정신적 고통은 영적인 고통이었습니다.

그것은 창녀처럼 살아가는 여인이 남 모르게 갖게 된 가책이었습니다. 아무리 술을 퍼마셔도 취할 때뿐이지 술만 깨면 고통을 느꼈을 것입니다. '이렇게 살아서는 안 되는데' 하는 가책감과 '내가 이렇게 살다가 나중에는 어떻게 될까?' 하는 불안감에서 헤어나지 못했을 것입니다.

아무리 악한 사람이라도 조금은 양심이 살아 있습니다. 하나님께서 마지막 심판을 위해서 아무리 악한 사람이라도 양심은 살려 놓습니다. 인간을 속일 수 있을지 모르지만 하나님을 속이지는 못합니다. 떳떳하지 못한 생활을 하는 자는 항상 그 죄책감을 지우지 못합니다. 밑바닥에는 불안과 공포가 깔려 있기 때문입니다.

레닌이라고 하는 공산주의자를 모르는 사람이 없을 것입니다. 그는 임종을 앞두고 유명한 말 한 마디를 남겼습니다.

"나는 실수를 저질렀다. 압박을 받고 있는 대중은 자유를 얻어야만 했다. 그러나 우리가 취한 방법은 한층 더 압박과 잔학한 대학살만을 선동했을 뿐이다. 나는 생사의 악몽에서 헤아릴 수 없이 많은 희생자들의 피로 붉게 물들어 있는 망망대해 가운데 버려져 있는 나 자신을 발견하였다. 지난 일을 뉘우치기에는 이제 너무 늦었다."

그 짐승 같은 사람의 마음에도 양심은 살아 있었습니다. 사마리아 여인도 마찬가지입니다. 양심의 가책을 느끼고 고통을 당하는 여자였습니다. 그러한 까닭으로 그는 구원자를 기다리는 영적 갈증을 안고 있었습니다. 여인이 예수님과 대화하는 중에 '메시아를 기다리고 있다.' 는 말에서 우리는 그의 영적 갈증을 짐작할 수 있습니다. 여인은 세상에는 희망을 둘 만한 것이 아무 것도 없고 자신이 파멸 직전에 놓여 있다는 것을 알고 있었습니다. 자기의 능력으로 어찌할 방법이 없어서 그는 손을 허우적거리며 "날 좀 살려 주시오, 제발!" 하고 애타게 부르짖는 여자가 되어 있었습니다. 이 영혼의 울부짖음을 들으신 주님이 먼 사마리아 땅까지 여인을 위해 직접 찾아오셨습니다.

당신은 양심의 가책을 느끼는 일이 없습니까? 당신은 수가성 여인처럼 구원자가 필요하지 않습니까? 공포와 죄악에 빠져서 허우적거리는 인생은 아닙니까?

수가성 여인을 보십시오. 예수님과의 짧은 대화를 통해 갑자기 여자의 마음에 놀라운 변화가 일어났습니다. 여인은 물 길을 생각은 간곳없이 물동이를 내 던지고 동네로 뛰어 들어갔습니다. 그리고 이렇게 외쳤습니다.

'나의 행한 모든 일을 내게 말한 사람을 와 보라. 이는 그리스도가 아니냐'(요한복음 4: 29).

사람들 앞에서 소리 높이 외치는 그 여인의 얼굴은 얼마나 환하게 밝았을까요? 그때까지 수가성 사람들에게 비쳐진 그런 여인이 아니었습니다. 완전히 다른 여인이었습니다.

주님은 이 여인에게 놀라운 변화가 일어나기까지 여인을 세 단계로 다루셨습니다.

그 첫째 단계로, 주님은 여인의 관심을 영적인 것으로 돌리게 하셨습니다.

여인이 물을 길으려고 하는데 주님이 여인에게 "미안하지만 물 좀 주시오."라고 말씀하셨을 것입니다. 그런데 여인은 모르는 남자가 물을 달라고 하니까 얼굴도 들지 않고 "당신은 유대 사람인데 어찌 체면없이 나에게 물을 달라고 합니까?" 하고 순순히 응하지 않았던 것입니다. 그래서 주님이 "당신이 만일 물을 달라고 하는 사람이 누군지 알고 또 그 사람이 당신에게 어떤 선물을 주려고 준비하는 줄 알았다면 당신은 두말하지 않고 물을 주었을 것이오."라고 말씀하신 것입니다.

그 말을 듣자 여인은 눈이 번쩍 뜨였습니다. "아니, 우물이 이렇게 깊은데 어디서 막 솟아나오는 샘물을 얻을 수 있습니까?"

"내가 주는 물을 먹는 자는 영원히 목마르지 아니하리니 나의 주는 물은 그 속에서 영생하도록 솟아나는 샘물이 되리라"(14절). 여인이 가만히 들어보니 정말 놀라운 메시지였습니다. 귀가 번쩍 트였습니다. 비로소 여인은 "아, 주여 그런 생수가 있으면 나에게 주시옵소서." 하고 주님께 매달렸습니다.

이때부터 예수님은 여자를 물질적인 관심에서 영적인 관심으로 눈을 돌리게 만들었습니다. 물질적인 욕구보다 더 근본적인 문제는 영적인 것이라는 것을 가르치신 것입니다. 그러니까 여인이 달라졌습니다.

"사람이 떡으로만 살 것이 아니요, 하나님의 입으로 나오는 모든 말씀으로 살 것이라"(마태복음 4:4).

인간은 물질로써 육체의 욕망을 채우는 것으로 만족하는 존재가 아닙니다. 근본적인 문제는 안에 있다는 것을 주님이 지적하셨습니다. 안에서부터 그 문제를 해결하는 역사가 일어나지 않는 이상, 여자가 갖고 있는 문제는 해결되지 않는다는 것을 지적하신 것입니다. 많은 사람들이 자기 내면의 욕구불만을 가지고 있습니다. 그래서 얻기를 사모하는 어떤 야망을 다 성취시켜야만 문제가 해결된다고 생각합니다. 그래서 솔로몬 같은 사람은 눈에 보이는 대로 마음이 원하는 대로 전부 끌어 들였습니다. 그러나 나중에 모든 일의 수고가 다 헛되고 무익했노라고 고백했습니다(전도서 2:10, 11).

지금도 많은 사람들이 솔로몬처럼 속고 있습니다. 50평짜리 집을 짓고 살다가 불만이 있으니까 100평짜리 집을 짓고, 또 불만이 생기니까 그 다음에는 큰 맨션을 삽니다. 그래서 자꾸 욕망대로 끌어 들여야만 자기의 내적 욕구를 채울 수 있다고 생각합니다. 돈이 없어서 우리에게 문제가 생기나요? 쾌락을 얻지 못해서 문제가 생기나요? 그런 것이 아닙니다.

예수님은 우리의 문제가 밖에 있는 어떤 물질의 문제가 아니라고 말씀하십니다. 근본적인 문제는 우리 내면에 있다고 합니다. 우리의 영혼이 병들어 있기 때문이라고 말합니다. 그러므로 당신이 영적으로 깨어날 때 주님은 당신의 문제를 해결해 주십니다.

네 남편을 데리고 오라

둘째 단계로, 예수님은 여자로 하여금 자기의 죄를 인정하도록 역사하셨습니다.

여인이 예수님께 "주여, 이런 물을 내게 주사 한번 마시면 영원히 목마르지 않고 또 물길러 오지 않게 해 주옵소서."라고 말했을 때 예수님이 "네 남편을 데리고 오라."고 말을 돌립니다. 여인의 입장은 정말 난처했습니다. 여섯 사람의 남편 중에 누구를 데리고 와야 할지, 불결한 자기의 과거가 들통이 날 판국입니다.

그래서 그만 얼떨결에 "저는 남편이 없어요."라고 대답했습니다. 그냥 그것으로 끝날 줄 알았는데 하나님의 아들이 그것을 모를 리가 없습니다. "네 말이 옳도다. 네게는 남편이 없다. 지금까지 다섯하고 살았고 또 어떤 남자하고 살고 있지만 다 네 남편이 아니야." 드디어 여인의 내면에 숨어 있던 죄가 백일하에 드러나고 말았습니다.

왜 주님이 여인의 수치스러운 부분을 들추어 냅니까? 왜 아픈 상처를 찌릅니까? 여인의 뱃속에서 끝없이 생수가 솟아오르려면 막힌 데가 없어야 합니다. 막힌 곳이 있으면 통하지 않습니다. 막힌 데가 없으려면 회개해야 합니다. 자신의 잘못을 하나님 앞에 그대로 내놓고 "주여 나는 이런 죄인이옵니다."라고 회개할 때에 막혀 있던 곳이 터집니다. 숨은 죄를 그대로 움켜 쥐고 있어서는 생수가 터져 나오지 않습니다. 여인으로 하여금 진정한 기쁨을 맛보게 하기 위해 주님은 여인의 부끄러운 과거를 지적하신 것입니다.

생수를 주시는 구원자 예수

셋째 단계로, 주님은 자기 자신이 누구인가를 여인에게 가르치셨습니다. 여인이 예수님께 "하나님의 아들 메시아가 오시면 나의 모든 문제를 해결해 주실 것입니다."라고 말을 했습니다.

이때 "네게 말하는 내가 그로라." 라고 예수님이 말씀하십니다.

여인의 눈이 번쩍 뜨였습니다. 자기 앞에 계시는 분이 하나님의 아들이요, 그처럼 마음으로 기다리던 예수 그리스도라는 것을 알게 되자 여인은 완전히 변했습니다. 드디어 여인은 주님의 약속하신 영원히 목마르지 아니하는 생수를 마신 사람이 되었습니다. 그래서 물동이를 내던지고 동네로 뛰어 들어갔습니다.

예수님이 말씀하시는 생수는 무엇을 의미합니까? 영원히 목마르지 아니하고, 뱃속에서 끊임없이 솟아오르는 생수는 무엇입니까?

"내가 곧 생명이니 떡이니 내게 오는 자는 결코 주리지 아니할 터이요, 나를 믿는 자는 영원히 목마르지 아니하리라"(요한복음 6:35).

생수는 바로 '예수님 자신' 입니다. 그래서 예수님을 마시고 먹는 사람은 영원히 목마르지 아니한다고 했습니다. 어떻게 마십니까? 예수님께 와서 예수를 믿는 것이 생수를 마시는 것입니다. 예수께 나와서 예수를 하나님의 아들로 믿으면 그것이 생수를 마시는 것입니다.

예수님은 고독한 여인에게 '너 고독을 고치려면 네가 사는 남자와 대화를 시도해라.' 이런 처방을 하지 않았습니다. 사랑에 대해 갈증을 느끼면 어떻게 할까요? '누구든지 먼저 사랑해 보아라.' 다른 어떤 상담자가 이야기하는 것처럼 예수님은 말하지 않았습니다. 마음의 가책을 어떻게 할까요? '선한 일을 몇 가지 하면 가책이 없어진다.' 이런 식으로 예수님은 처방하지 않았습니다.

그러나 여인이 예수님을 하나님의 아들로 믿는 순간, 그동안 여인을 괴롭혔던 사랑의 갈증, 고독의 고통, 양심의 가책 등이 어디로 갔는지 다 사라져 버렸습니다. 예수님 자신이 우리 안에 들어오시기만 하면 어떠한 문제라도 얼마나 기가 막히게 해결되는지 모릅니다. 당신은 이 사실을 아십니까? 우리의 문제는 다양하지만 해답은 하나, 오직 예수 그리스도입니다.

가끔 시간을 내어 유치부실을 둘러 볼 때가 있습니다. 그런데 어떤 아이는 엄마와 떨어져도 잘 노는데 어떤 아이는 내내 우는 것을 봅니다. 달래도 보고 업어도 보지만 안 통하는 그런 아이가 있습니다. 우는 아이는 지금 어머니를 그리워하는 것입니다. 그래서 그 아이는 무언가 불안과 두려움을 느끼고 있습니다. 아이의 마음을 분석해 보면 여러 가지 진단이 나올 수 있겠지만 해답은 하나입니다. 엄마를 만나는 것입니다. 눈물 콧물 흘리며 울던 아이도 자기 엄마를 보는 순간 벌써 다른 사람이 되어 버립니다.

마찬가지입니다. 예수 그리스도가 우리 마음에 오시면 우리 마음 속의 질병은 갖가지이지만 그 순간 깨끗이 낫습니다. 왜냐하면 생수가 터져나오고 예수님이 우리 마음을 가득히 채우기 때문입니다. 지금까지 이 세상의 그 무엇으로도 채울 수 없던 공허한 자리에 예수의 영광이, 진리의 빛이, 하나님의 무궁한 사랑이 생수처럼 솟아오릅니다.

당신은 과연 영원히 목마르지 아니하는 생수를 마신 사람입니까? 정말 마음 속에서 끊임없이 솟아오르는 예수의 생수를 날마다 맛보면서 사는 사람입니까? 그래서 초가집도 천국이요, 실패한 자리에서도 감사요, 다른 사람처럼 출세는 못했지만 마음은 항상 천국이라고 자신 있게 말할 수 있습니까? 그렇다면 당신은 복받은 사람입니다.

아직도 예수를 모르는 당신이 스스로 해결할 수 없는 마음의 고통은 무엇입니까? 처자들 앞에서는 의젓한 것처럼 가리고 살지만 당신은 속으로 울고 있습니까? 남편 앞에서는 우울한 티를 내지 않으려고 하지만 당신의 속마음은 울고 있습니까? 주님이 당신의 마음 속에 들어가시면 모든 문제는 해결됩니다. 놀라운 역사가 일어납니다.

예수님이 누구신가를 배우십시오. 예수님은 하나님의 아들이요, 우리의 구원자입니다. 그는 수가성의 여인처럼 천한 우리들을 구원하기 위해서 십자가에 죽으시고 사흘 만에 살아나셔서 우리를 하나님 앞으로 인도하는 유일한 구원자입니다.

예수 그리스도를 수가성 여인처럼 믿고 순간적으로 받아 들이십시오. 그러면 주님이 두 팔을 벌리고 들어가셔서 당신의 마음에 자리를 잡으실 것입니다. 드디어 당신의 마음은 천국을 이룰 것이요, 오늘날까지 공포와 불만과 고통으로 가득 찼던 그 암흑의 골짜기가 천국의 찬양소리로 메아리치는 아름다운 역사가 일어날 것입니다.

"내가 곧 길이요, 진리요, 생명이니 나로 말미암지 않고는 아버지께로 올 자가 없느니라"(요한복음 14:6).

당신 마음의 지배자는 누구인가?

"그러나 내가 만일 하나님의 손을 힘입어 귀신을 쫓아내는 것이면 하나님의 나라가 이미 너희에게 임하였느니라. 강한 자가 무장을 하고 자기 집을 지킬 때에는 그 소유가 안전하되 더 강한 자가 와서 저를 이길 때에는 저의 믿던 무장을 빼앗고 저의 재물을 나누느니라. 나와 함께 아니하는 자는 나를 반대하는 자요, 나와 함께 모으지 아니하는 자는 헤치는 자니라.

 더러운 귀신이 사람에게서 나갔을 때에 물 없는 곳으로 다니며 쉬기를 구하되 얻지 못하고 이에 가로되 내가 나온 내 집으로 돌아가리라 하고 와보니 그 집이 소제되고 수리되었거늘 이에 가서 저보다 더 악한 귀신 일곱을 데리고 들어가서 거하니 그 사람의 나중 형편이 전보다 더 심하게 되느니라"(누가복음 11:20~26)

　　　　인간의 생명을 다루는 의료기술이 예전에 비하여 괄목할 만큼 많이 향상 되었습니다. 그래서 정기적으로 자기의 건강을 진단해 보거나 또 의사의 지시에 따라 사전에 미리 예방하고자 하는 현대인들이 늘어나고 있습니다. 질병을 조기에 예방하는 것은 매우 현명한 처사가 아닐 수 없습니다. 그런데 이와 같은 정기적인 건강진단이 우리의 육신에게만 필요합니까? 아닙니다.

　우리는 영혼의 건강문제에 더욱더 관심을 가지고 면밀히 진단해 보아야 합니다.

필요한 영혼의 진단

예수를 잘 믿는 사람은 날마다 하나님의 말씀을 읽으면서 자기 영혼을 진단합니다. 그러나 대부분의 신자들은 한 번 교회에 나와서 예배 드리고 돌아가면 영적 문제는 미처 생각지도 못하고 일주일을 그냥 다 보내 버립니다. 그러한 생활이 오래 지속되면 나중에는 자신이 어떤 상태에 놓여 있는지조차 분간을 못하고 무감각하게 지내게 됩니다. 이것은 자기의 영혼을 위해서 대단히 불행한 일이 아닐 수 없습니다.

"강한 자가 무장을 하고 자기 집을 지킬 때에는 그 소유가 안전하되 더 강한 자가 와서 저를 이길 때에는 저의 믿던 무장을 빼앗고 저의 재물을 나누느니라. 나와 함께 아니하는 자는 나를 반대하는 자요, 나와 함께 모으지 아니하는 자는 헤치는 자니라"(누가복음 11:21~23).

본문 말씀은 예수님이 주신 비유입니다. 이 비유를 자세히 읽어 보면 '예수, 마귀, 인간'이라는 세 존재 간의 관계를 놓고 사람을 세 부류로 나누고 있음을 알 수 있습니다.

첫째는 자연인이요, 둘째는 종교인이요, 셋째는 그리스도인입니다.

이 세 부류 중에 당신은 과연 어느 편에 속한다고 생각합니까? 당신의 마음을 누가 지배하고 있는지 한 번 진단해 봄으로써 당신의 영혼이 치료받는 기회를 얻기 바랍니다.

나는 자연인인가?

사람은 누구나 태어날 때부터 자연인입니다. 그 마음 속에 하나님을 부정하는 어리석음이 있습니다. 하나님의 말씀을 잘 듣지 않을 뿐 아니라 마귀가 무장을 하고 그의 내면에 거하고 있습니다. 이 마귀는 대단히 강합니다. 전 인류의 약 80퍼센트 이상을 이 마귀가 장악하고 있을 정도입니다. 그래서 모든 사람이 이 마귀의 지배를 받고 그 요구대로 움직이고 있습니다. 인간의 힘으로는 마귀를 이길 수 없습니다.

하나님을 믿는 사람들도 가끔 마귀의 희생물이 되는 것을 봅니다. 천하장사 삼손도 한때는 마귀의 희생물이 되었고 세상에서 제일 지혜로웠다고 하는 솔로몬도 결국 말년에 가서 마귀의 희생물이 되었습니다. 심지어 예수님을 3년 동안 따라 다니면서 제자 행세를 하던 가룟 유다도 마지막에는 마귀가 되어 버렸습니다.

이만큼 마귀는 강합니다. 마귀의 주무기는 거짓말입니다. 진리를 거짓으로 의심하게 만들며 참 하나님을 찾지 못하게 하고 거짓 신에게 절하게 만듭니다. 그러나 영의 눈을 뜨고 성경을 읽으면 그 말씀이 참으로 진리라는 사실을 온전히 받아 들이게 됩니다. 하나님의 존재가 어떠함을 우리는 말씀을 통해서 배우는데 그 말씀은 인간의 운명이 어떤 것인가를 분명히 가르쳐 줍니다. 사람이 구원을 받으려면 예수를 믿어야 한다는 분명한 길을 우리는 이 말씀을 통해 발견할 수 있습니다.

   영의 눈을 뜨고 성경을 보십시오! 하나님을 기쁘게 하는 길이 있습니다. 세상과 함께 망하지 않는 길이 있습니다. 상처받은 자가 치료받는 길이 있습니다. 이것은 분명한 진리입니다.

   그러나 마귀는 인간의 마음을 혼탁하게 만들어서 이 참된 진리의 말씀을 거짓말처럼 의심하게 만들고 회의를 갖도록 합니다. 지옥의 벼랑에서 춤을 추며 즐겁게 만들면서도 그것을 천국으로 착각하게 하는 것이 마귀입니다. 세상의 향락과 세상의 부귀영화에 몰입해서 그것이 전부인 것처럼 빠져들게 합니다. 이 무서운 사기극을 꾸미는 것이 마귀가 하는 일입니다.

생각할 틈도 없다

   거짓말을 잘하는 마귀는 자연인의 본능을 참으로 교묘하게 이용합니다. 짐승과 사람의 차이점이 무엇입니까? 여러 가지 있겠지만 특별히 본능에 대한 반응을 들 수 있습니다. 짐승은 본능적으로 자극을 받으면 그대로 행동합니다.

   반면에 사람은 하나님의 형상을 닮았기 때문에 자극을 받으면 단 얼마 동안이라도 생각을 해보고 행동합니다. 이것이 소위 생각하는 인간의 태도입니다. 그러나 마귀가 우리를 얼마나 강곽하게 만드는가 하면 우리가 본능의 자극을 받고 행동으로 옮기기 전까지 전혀 생각할 여유를 주지 않습니다. 그래서 결국 마귀는 우리를 본능대로 행동하도록 합니다.

현대인들은 점점 마귀가 유도하는대로 따라가고 있습니다. 마치 미친사람처럼 되어 갑니다. 신문에 이런 사건이 보도된 적이 있습니다.

20대 초반의 청년이라고 하면 어느 정도 사리를 분별할 수 있는 나이의 젊은이입니다. 그런데도 자기 오토바이에 치인 부인을 보았을 때 무서운 본능의 자극을 받고 그 부인을 태우고 가서 욕보이고 죽였습니다. 이것은 마귀입니다. 결코 사람이 아닙니다. 어떻게 사람이 그런 짓을 합니까? 분명히 마귀가 하는 짓입니다. 아마 그가 지난 밤에 이상한 꿈을 꾸었던지 아니면 좋지 못한 소설을 읽었던지 혹은 난잡한 영화를 보았을는지도 모릅니다. 또는 마음이 굉장히 흥분되어 있는 상태에서 눈 앞에 나타난 여자가 마음에 들었는지도 모릅니다.

본능의 자극을 받았을 때 그는 생각할 여유를 갖지 못했습니다. 곧바로 행동으로 옮겨 사람을 죽이고 나서 나중에는 가책을 받고 자기가 죽였다고 떠들었습니다. 이것은 분명히 마귀가 하는 짓입니다.

이와 같이 현대인들은 점점 마귀가 인도하는대로 끌려가고 있습니다. 과거에는 사람들이 어느 정도 생각할 줄 알았습니다. 그러나 오늘날 사람들은 자극을 받는대로 움직이고 도무지 생각하려 하지 않습니다. 이것이 자연인입니다.

우리 가운데 누구라도 그리스도 앞으로 돌아오지 아니하면 그는 자연인입니다. 자연인으로 있는 한 그는 계속 마귀의 지배를 받으며 거짓말에 속아 살게 됩니다. 그의 인생은 본능적으로 살다가 본능적으로 끝납니다. 그러므로 우리 모두는 예수 그리스도를 통해서 추악한 마귀의 지배하에서 벗어나야 합니다.

나는 종교인인가?

"더러운 귀신이 사람에게서 나갔을 때에 물 없는 곳으로 다니며 쉬기를 구하되 얻지 못하고 이에 가로되 내가 나온 내 집으로 돌아가리라 하고"(24절)

마귀의 세력은 물러가고 그 마음 속이 비어 있는 사람, 이 사람을 일컬어 '종교인'이라 할 수 있습니다. 종교인이라는 명칭이 적당한지는 모르겠지만 그러나 우리에게 대단히 실감을 주는 용어라고 생각합니다. 그런데 주의할 것이 하나 있습니다. 언제 이 사람에게서 마귀가 나갔습니까?

예수 안 믿던 집안에서 부인이나 남편이 예수를 믿음으로 종교적인 분위기가 지배하기 시작하면 사단의 역사가 물러가게 됩니다. 그 가정에서 자란 자녀도 부모 덕분에 어느 정도 종교적인 사람이 되어 갑니다. 사단이 이들의 마음을 전적으로 지배한다고는 볼 수 없습니다. 그래서 교회에도 나오고 신앙생활에도 취미를 붙일 수 있습니다. 이제 마귀가 나가고 소제되어 정돈된 마음이 된 것입니다.

"와보니 그 집이 소제되고 수리되었거늘 이에 가서 저보다 더 악한 일곱 귀신을 데리고 들어가서 거하니 그 사람의 나중 형편이 전보다 더 심하게 되느니라"(25, 26절).

'소제'라는 것이 무엇입니까? 소제는 먼지를 털고 쓸어내는 것입니다. '예수 믿는다.' 또는 '기독교에 대해 대단히 관심이 있다.'고 하면서 교회에 다니다가 자기도 모르게 술, 담배를 끊고 예배 출석도 착실하게 하는 사람을 볼 수 있습니다. 그 사람이 겉으로 보기에는 달라져 있습니다. 예수님의 십자가가 벽에 걸려 있기도 하고 성경이 책장에 꽂혀 있기도 합니다. 그래서 꽤 질서 잡힌 그리스도인이 사는 냄새를 풍기게 됩니다.

그러나 소제하는 것과 세탁하는 것은 다릅니다. 예수를 진짜 믿는 사람은 소제하는 사람이 아닙니다. 자기 마음의 먼지를 대충 털어낸 정도가 아니고 예수 그리스도의 피로써 더러운 곳을 완전히 씻어낸 사람을 말합니다. 예수를 진실로 믿는 사람은 적당히 자기 자신을 개혁한 사람이 아니라 그리스도 안에서 완전히 다시 태어난 새로운 피조물이 된 사람을 말합니다.

그런데 소위 종교인이라고 하는 사람은 그런 것을 잘 모릅니다. 그 사람은 자신의 죄 때문에 회개하는 눈물도 없고 하나님 앞에서 괴로워하는 일도 별로 없습니다. 또 성경 말씀을 읽으면서 그 말씀에 부딪혀 하나님의 말씀을 깨달아도 그 마음을 진정으로 하나님 앞에 쏟아놓는 기도의 경력이 별로 없습니다. 또 성령충만이 무엇이냐고 물으면 약간의 상식적인 대답을 할 뿐입니다. 그리고 이 세상 살 동안 세상에다 정을 두지 않고 영원한 나라에 소망을 두고 걸어가는 것이 참된 그리스도인의 삶이라고 말을 하면 그것을 케케묵은 생각으로밖에 여기지 않습니다. 깊이가 없고 마음은 비어 있습니다. 주님이 당장 그 자리에 오시지 않으면 그 속에는 금방 자기 중심적인 여러 가지 잡초들이 우거지게 됩니다. 이런 것들을 일컬어서 기독교적인 인문주의 사상이라고 말할 수 있습니다.

에고(ego)의 노예

기독교적인 인문주의 사상은 에고(ego)가 중심이 된 사상입니다. 자기 자신이 판단 기준이 되어 모든 것을 처리하는 사람입니다. 마음은 비었고 마귀는 떠났습니다. 그러나 예수 그리스도가 지배하지 않으므로 '내'가 지배합니다. 이 사람을 빈 사람이라고 하지만 사실 그 마음에는 기독교적인 인문주의 사상으로 가득 차 있습니다.

유대인이 좋아하는 종교생활은 제사를 지내는 것이었습니다. 우리 주변에도 유대인처럼 종교적 의식에만 관심을 가지는 사람들이 많습니다. 교회는 다니고 있지만 다른 데는 별로 관심이 없고 단지 예배만 드리고 가는 종교적인 의식에 모든 것을 걸고 있는 사람입니다. 그들은 설교자, 혹은 성가대, 교인수, 분위기 등 외적인 면에 상당히 관심을 갖습니다. 이런 사람을 유대인들이 좋아하는 인문주의자라고 합니다.

헬라인이 좋아하는 인문주의 사상도 있습니다. 헬라 사람들은 미를 추구하는 것을 인생의 가장 중요한 목적으로 생각합니다. 뿐만 아니라 인간의 모든 문제를 지성으로 해결할 수 있다고 보기 때문에 중요시합니다. 이런 이유로 그들은 예수의 사상을 좋아합니다. 교회를 다니면서도 이런 헬라적인 사고방식을 가지고 기독교를 보는 사람들은 기독교를 하나의 철학 그 이상으로 여기지 않습니다. 그리고 오늘날 20세기에 유행하고 있는 기독교 사상이 하나의 인간 문제를 해결할 수 있는 어떤 미적 추구라고도 생각합니다. 이것이 헬라 사람들이 좋아하는 유형의 사상입니다.

또 로마 사람들이 좋아하는 사상이 있습니다. 그들은 법과 질서를 매우 존중합니다. 그래서 법과 질서를 통해서 자신을 수양

하려는 사람이 있습니다. 곧 도덕자인데 그리스도인 가운데서도 상당수가 여기에 해당됩니다. "내가 좀더 깨끗이 살고자 하는 마음에서 예수 믿는 것이고 인생의 어떤 의미를 발견하기 위해서 교회도 다니는거야!"라고 말하는 사람들이 있습니다. 그들은 이런 생각으로 자기 수양과 교양을 쌓으려는 사람들입니다.

유대적이든, 헬라적이든, 혹은 로마적이든 간에 이런 사고방식을 가지고 기독교를 대하는 사람들은 아무리 그 사람의 겉모양이 좀 변화되었다고 할지라도 그 마음 중심의 주인은 한 마디로 자기 자신입니다. 자기 기준에 따라서 성경을 판단하고 자기 기준에 따라서 모든 신앙생활을 평가합니다. 그러므로 자기에게 좋아 보이는 것은 받아들이지만 그렇지 못한 것은 항상 거부합니다. 하나님의 말씀에 순종하는 것이 아니라 자기 주관에 순종합니다. 이런 사람이 바로 종교인입니다.

칼 바르트가 이런 말을 했습니다.

"사람 안에는 마지막으로 무너져야 할 벽이 하나 있는데 그것은 바로 에고를 숨겨 놓은 벽이다."

에고의 벽을 깨뜨리지 못한 사람, 그 사람은 비록 교회에는 다닐지 모르지만 종교인에 불과합니다. 아무리 겉으로는 그리스도인의 냄새를 풍긴다 할지라도 그 이상은 못됩니다. 빈 마음은 오래 지탱할 수 없기 때문입니다.

일곱 귀신을 불러 들인 사람

종내에 나갔던 마귀가 다시 돌아오면 이것은 대단히 심각한 문제입니다. 마귀가 돌아와서, "야, 이 집에 누구 없니?" 하고 소리쳐 봅니다. 예수 믿는 집에는 이럴 때 예수님이 대답합니다. 그러나 아무 대답이 없으면 마귀는 집 밖으로 나와서 그 사람 마음의 문설주를 확인합니다.

예수 믿는 사람의 마음의 문설주에는 예수 그리스도의 피로 붉게 발라져 있기 때문에 그가 예수의 사람이고 그 집 주인이 예수라는 사실이 분명히 드러납니다. 그러나 에고의 사람에게는 그 피가 없음을 본 마귀가 쾌재를 올리며 자기보다 더 악한 일곱 귀신을 끌고 와서 여덟 귀신이 한꺼번에 들어가는 비참한 상황이 벌어집니다. 이상하게 생각될지 모르지만 이런 예는 의외로 많습니다.

예수님의 제자로 3년을 따라 다니던 가룟 유다의 경우가 그렇습니다. 그는 주님을 따라 다니면서 모든 진리를 다 들었고 이적도 보았고 그리고 감동도 받았습니다. 그러나 그는 종교인일 뿐이었습니다. 그래서 결국 마귀가 그를 사로잡고 말았습니다. 주님이 그를 마귀라고 했습니다.

박태선, 문선명, 후메네오와 알렉산더, 그외 성경에 나오는 수다한 이름들이 결국 왜 그렇게 되어버렸느냐 하면 그들이 군대 마귀에게 사로잡혔기 때문입니다. 예수님은 마태복음에서도 똑같은 내용을 말씀하고 계십니다.

"이에 가서 저보다 더 악한 귀신 일곱을 데리고 들어가서 거하니 그 사람의 나중 형편이 전보다 더욱 심하게 되느니라. 이 악한 세대가 또한 이렇게 되리라"(마태복음 12:45).

이것은 대단히 무서운 말입니다. 이 말의 뜻이 무엇입니까? 그것은 장차 세계 종말이 오면 교회 안에서나 교회 밖에서나 모든 사람들이 군대 마귀에게 잡힌 사람들처럼 미친다는 뜻입니다. 타락한다는 의미입니다. 앞으로 교회 안에서 무서운 이단들이 계속 나올 것입니다. 배도자들이 계속 교회 안에서 나올 것입니다. 예수 믿는 것이 자기 사업에 지장이 되면 믿지 않을 것입니다. 반드시 돌아설 사람이 있을 것입니다. 그 때에 마귀가 그 마음을 지배합니다. 성경을 보면 이런 세대가 다가오는 것을 알 수 있습니다.

하루에 몇 십 개씩 교회가 서고 있습니다. 다만 언젠가 이같은 시대가 끝나고 그야말로 교회 안에서 많은 사람들이 등을 돌리고 교회를 떠나는 무서운 시대가 돌아올 것입니다. 그 때에 마귀는 한 사람, 한 사람을 무섭게 사로잡을 것입니다. 많은 종교인들이 주님의 품에서 떠날 것입니다.

그러나 한 가지 분명한 사실이 있습니다. 종교인이 되었다는 것은 바로 기회를 만났다는 사실입니다. 자기의 마음이 비어 있을 때가 예수 그리스도를 모시어 들일 수 있는 기회입니다.

지금까지의 진단에 몹시 가책을 느낀 사람이 있을 것입니다. 그러나 어떤 통로이든 간에 기독교에 대한 관심을 갖는다는 것은 하나님이 주신 기회입니다. 어떤 고난과 어려움의 막바지에서 하나님을 찾아보려는 사람에게 주어지는 기회가 됩니다. 비록 자기의 마음이 근본적으로 변화되지 않았다 할지라도 일단 관심을 갖고 예수 믿는데 대해서 깊이 마음을 기울인다는 것은 하나님이 주신 기회입니다.

종교인은 예수를 믿을 수 있는 기회를 가진 사람입니다. 당신은 어떤 사람에 속합니까?

진정한 그리스도인

"강한 자가 무장을 하고 자기 집을 지킬 때에는 그 소유가 안전하되 더 강한 자가 와서 저를 이길 때에는 저의 믿던 무장을 빼앗고 저의 재물을 나누느니라"(21, 22절).

여기에서 강한 자는 마귀를 말합니다. 그러나 더 강한 자는 예수님이십니다. 예수께서 마귀를 결박하고 쫓아내심으로 그 안에 있는 자는 회개하고 죄를 고백하게 되며 주님을 주인으로 모십니다. 그러므로 그는 예수님의 생각과 목적, 취미, 그리고 말과 행동 모두 그 자신의 것이 되며 점차 그리스도를 닮아가게 됩니다. 이런 사람이 그리스도인이요, 변화받은 사람입니다. 이런 사람은 요한계시록 14장에 나오는 바와 같이 "어린 양이 인도하는 대로 따라 가는 자"입니다.

"이 사람들은 여자로 더불어 더럽히지 아니하고 정절이 있는 자라. 어린 양이 어디로 인도하든지 따라가는 자며 사람 가운데서 구속을 받아 처음 익은 열매로 하나님과 어린 양에게 속한 자들이니 그 입에 거짓말이 없고 흠이 없는 자들이더라"(요한계시록 14:4).

마귀가 아무리 우리 마음을 강하게 지킨다고 할지라도 예수 그리스도가 우리 마음 속에 들어오셔서 주관하기 시작하면 마귀는 쫓기고 맙니다. 주님은 손가락으로 마귀를 쫓아낼 정도로 능력이 많으십니다. 예수님에게 마음을 전부 내어 준 사람에게는 하나님의 나라가 임합니다.

"그러나 내가 만일 하나님의 손을 힘입어 귀신을 쫓아내는 것이면 하나님의 나라가 이미 너희에게 임하였느니라"(20절).

하나님의 나라는 성령 안에서 의를 사모하는 자, 희락을 누리는 자, 평강을 소유한 자의 마음입니다. 그것이 곧 하나님의 나라입니다. 하나님의 나라가 임했기 때문에 의를 사모하는 사람이 되고, 그 마음에 항상 희락과 평안이 있습니다. 참된 그리스도인은 이것을 실제로 체험합니다.

"하나님의 나라는 먹는 것과 마시는 것이 아니요, 오직 성령

안에서 의와 평강과 희락이라"(로마서 14:17).

근본적인 치료

만일 당신이 삶의 진정한 기쁨을 맛보고자 한다면 근본적인 치료를 받아야 합니다. 자연인에게 "예수 믿으시오. 예수를 쳐다보면 당신의 마음이 평안해 집니다."라고 하는 것은 잘못된 치료입니다. 또 종교인을 보고 "예수님께 기도하십시오. 그러면 당신의 문제를 해결해 주십니다."라고 하는 것도 잘못된 치료입니다. 이것 모두 근본적인 치료 방법이 아닙니다.

아무리 적극적인 사고를 하라고 해 보십시오. 마귀의 지배 아래 있는 사람이 적극적이면 얼마나 적극적이겠습니까? 아무리 긍정적으로 생각하라고 해 보십시오. 에고의 벽이 무너지지 않는 사람에게 어느 정도 긍정적인 사고를 기대할 수 있겠습니까? 그들에게 마음의 바닥을 바로 고쳐 주지 않은 채, 이것 저것 이야기 하는 것은 돌팔이 의사가 내리는 처방이나 다름이 없습니다.

그러면 근본적인 치료가 무엇이라고 생각하십니까? 그것은 자신의 마음에 의와 희락과 평안이 지배하는 하나님의 나라가 임하는 것입니다. 그리스도께서 우리의 마음을 지배하는 주인이 되는 것입니다. 그리스도께서 마음에 있는 사람은 문제가 없기를 바라는 사람이 아닙니다. 오히려 크고 작은 문제들이 다가와도 마음의 평안을 잃지 않는 사람이요, 기쁨을 잃지 않는 사람입니다. 하나님의 능력을 가지고 모든 문제를 극복해 나가고 이겨내는 사람입니다. 이 사람이야말로 진정한 그리스도인입니다.

그러나 하나님의 나라가 임하는 문제는 우리의 힘으로 해결되지 않습니다. 자신이 아무리 자기 마음에 하나님의 나라를 임하게 하려 해도 되지 않습니다. 오직 능하신 그리스도가 우리에게 찾아오셔서 우리의 마음을 소유하실 때만 가능한 일입니다.

만약 당신에게 '나는 아직 자연인이구나!', '나는 아직 종교인이구나!', '나는 아직 진정한 그리스도인이 아니구나!' 라는 생각이 잠시라도 마음 속에 떠오르면 마음을 열고 예수 그리스도의 십자가를 바라보십시오. 그리고 이렇게 기도 하십시오.

"주여, 내 마음에 오시옵소서. 나의 에고를 완전히 깨뜨려 주시고 주님이 내 마음의 왕이 되어 주시옵소서. 내 마음에 하나님의 나라가 임하도록 하셔서 진정한 의와 희락과 평강이 무엇인지 알게 해 주옵소서."

당신의 마음을 예수님께 내어 놓으십시오. 주저하지 말고 너무 오래 끌지 마십시오. 주님이 오셔서 마귀를 쫓아내고 당신의 에고를 깨뜨리고 완전히 주님만으로 충만하게 되도록 마음을 열어 보십시오. 이럴 때 우리는 근본적인 치료를 받은 복된 하나님의 자녀가 됩니다.

"죄를 짓는 자는 마귀에게 속하나니 마귀는 처음부터 범죄함이니라. 하나님의 아들이 나타나신 것은 마귀의 일을 멸하려 하심이니라"(요한일서 3:8).

하나님은 그의 능력으로 마귀의 일을 완전히 멸하시고 우리를 영원한 하나님 나라로 인도하시는 분입니다. 그 주님을 우리 마음의 주인으로 모시고 살아야 합니다. 그러면 어떠한 문제 앞에서도 우리는 이길 수 있습니다. 마귀가 아무리 우리를 시험하고, 우는 사자와 같이 우리에게 덤빈다 할지라도 주님이 지키는 한, 우리는 하나님 나라를 늘 체험하며 살 수 있습니다. 이것이 진정한 그리스도인입니다.

지금 당장 당신 마음의 지배자로 예수 그리스도를 받아들이십시오. 지체하면 지체할수록 당신은 더 비참해질 뿐입니다.

아무리 악한 사람이라도

"내가 이 도를 핍박하여 사람을 죽이기까지 하고 남녀를 결박하여 옥에 넘겼노니 이에 대제사장과 모든 장로들이 내 증인이라.

또 내가 저희에게서 다메섹 형제들에게 가는 공문을 받아 가지고 거기 있는 자들도 결박하여 예루살렘으로 끌어다가 형벌 받게 하려고 가더니 가는데 다메섹에 가까웠을 때에 오정쯤 되어 홀연히 하늘로서 큰 빛이 나를 둘러 비취매 내가 땅에 엎드러져 들으니 소리 있어 가로되 사울아 사울아 네가 왜 나를 핍박하느냐 하시거늘 내가 대답하되 주여 뉘시니이까 하니 가라사대 나는 네가 핍박하는 나사렛 예수라 하시더라.

나와 함께 있는 사람들이 빛은 보면서도 나더러 말하시는 이의 소리는 듣지 못하더라.

내가 가로되 주여 무엇을 하리이까 주께서 가라사대 일어나 다메섹으로 들어가라. 정한 바 너의 모든 행할 것을 거기서 누가 이르리라 하시거늘 나는 그 빛의 광채를 인하여 볼 수 없게 되었으므로 나와 함께 있는 사람들의 손에 끌려 다메섹에 들어갔노라"(사도행전 22:4~11).

　　　　　기독교 역사상 가장 극적으로 예수를 믿은 사람을 들라면 바울을 빼놓을 수가 없습니다. 바울이 어떻게 인생의 극적인 전환점을 맞이하게 되었습니까? 또 그는 예수를 믿고 난 뒤 얼마나 변화된 삶을 살았습니까? 바울의 회심을 통하여 성경은 우리들에게 커다란 진리를 가르쳐 주고 있습니다.

바울

　바울은 그리스도를 영접하기 이전에 독실한 유대교 신자였습니다. 유대교를 위해서라면 생명까지도 불사할 만큼 그는 철저하게 유대교로 무장된 젊은 청년이었습니다. 그 당시에 유대교 신자들은 하나님의 아들 메시아가 오실 것을 기다리고 있었습니다. 이스라엘을 로마로부터 해방시킬 수 있는 영웅을 기다리며 그들은 철저한 신앙생활을 하고 있었습니다. 그 중에서도 바울은 이러한 신앙이 골수에 박힌 뿌리깊은 유대교 신자였습니다.

이러한 바울이 나사렛 출신의 한 초라한 목수를 메시아라고 추종하는 사람들을 볼 때 속에서부터 치밀어 오르는 분노를 참을 수 없었던 것은 당연한 일이었습니다. 그의 신앙 인격으로서는 천한 동네 나사렛에서 태어나 교육도 한 번 받지 못하고 서른 살이 되도록 목수 일만 하던 젊은 청년을 메시아로 받아들일 수는 없었습니다. 더욱이 그 예수가 십자가에서 죽었다가 다시 살아났다고 하는 말은 바울로 하여금 울분을 더 이상 참지 못하게 했습니다.

그래서 결국 그는 예수를 믿고 복음을 전하는 스데반을 돌로 쳐 죽이는 주모자가 되었습니다. 그리고 그것으로도 분이 풀리지 않아서 예루살렘에 있는 기독교인들을 닥치는 대로 끌어다가 감옥에 가두고 채찍질하며 그들을 핍박했습니다. 바울의 핍박은 여기에 그치지 않았고 날이 갈수록 광적으로 변해 갔습니다.

그는 도망간 신자들을 잡아 끌고 오는 특별한 권한을 부여받아 그들을 체포해 오고자 예루살렘에서 120마일이나 떨어진 다메섹에까지 부하들을 인솔해 갔습니다. 약 1주일이나 걸어가야 하는 먼 길이었습니다. 바울이 그 무더운 사막길을 걸어서 다메섹으로 내려가는 도중이었습니다. 거의 그 마을에 가까워진 어느 날 12시쯤, 하늘에서 갑자기 강한 빛이 바울을 둘러 쌌습니다. 강한 빛에 에워싸인 그는 사정없이 땅바닥에 거꾸러졌습니다. 정신을 잃을 정도의 강한 빛이었습니다.

예수를 만나다

한참 동안 멍하니 있던 바울이 눈을 떠서 주변을 보았습니다. 그때 자기 앞에 어떤 분이 서 계셨습니다. 바울은 자기도 모르게 "주여, 당신은 뉘시옵니까?"라고 놀라서 물었습니다. 그때 그는 놀라운 대답을 들었습니다. '나는 네가 핍박하는 나사렛 예수라!'

그 대답을 듣고 바울은 얼마 동안이나 정신없는 사람처럼 땅바닥에 얼굴을 대고 있었는지 모릅니다. 자기는 지금 예수 믿는 사람을 죽이기 위해서 가는 길이요, 결국 예수 믿는 사람을 핍박하는 것은 방금 예수님이 말씀하신대로 예수님을 핍박하는 것이라는 사실을 모를 리가 없었습니다.

"나는 이런 사람이었구나!" 바울의 모든 것이 깨지는 순간이었습니다. 그때까지 자신이 무장하고 있던 사상, 철학, 신앙, 지식

등 모든 것이 예수님을 만난 순간에 썩은 고목이 쓰러지듯이 한 순간에 와르르 무너져 버렸습니다.

바울이 한참 동안 땅바닥에 얼굴을 대고 있다가 "주여, 내가 무엇을 해야 합니까?"라고 물었습니다. "다메섹으로 들어가라. 거기에서 내가 네게 어떻게 해야할 지를 가르쳐 주겠다."고 예수님이 말씀하시자마자 빛도 사라지고 예수님도 사라졌습니다.

바울의 눈이 너무나 강한 빛에 노출되었기 때문에 그는 시각 장애인이 되었습니다. 하나도 안 보였습니다. 캄캄했습니다. 같이 가던 동행자들이 바울을 부축해서 다메섹으로 들어 갔습니다. 바울은 거기에서 골방에 들어앉아 삼일 동안 식음을 전폐하고 눈물을 흘리며 가슴을 치며 지난날 자신의 어리석음과 무모함을 탄식했습니다.

예수, 나사렛 예수! 그분이 진정 하나님의 아들이요, 메시아였다는 사실을 지금까지 모르고 마치 미친 개처럼 덤비던 자기 자신을 돌이켜 볼 때 얼마나 부끄럽고 후회스러웠겠습니까? 바울은 삼일 동안 잠도 자지 않고 회개했습니다.

드디어 아나니아라는 선지자가 왔을 때 그로부터 세례를 받고 바울은 그리스도인이 되었습니다. 그 순간 하나님께서 그에게 성령 충만함을 주셨고 그 눈의 비늘을 벗겨서 세상을 다시 볼 수 있게 해주셨습니다. 그 바울이 기독교에 있어서 유래없는 선교자요, 신학자요, 성경 중에 13권을 성령의 감동으로 기록해 놓은 위대한 하나님의 종이 되었습니다. 세계 교회의 기초를 닦은 사람이 된 것입니다.

오늘날 서양에서 자녀를 낳으면 제일 많이 지어주는 이름이 폴(Paul)입니다. 바울이라는 말입니다. 얼마나 많은 남자 아이들이, 또 어른들이 폴이라는 이름을 가지고 자랑스럽게 살고 있는지 모릅니다. 세상에서 바울처럼 영광을 받은 사람도 없을 것입니다. 또한 바울처럼 극적으로 예수를 믿은 사람도 없을 것입니다.

바울은 원래 다소라는 대도시 출신의 사람이었습니다. 다소는 대학교와 큰 운동장이 있고 체육관과 박물관이 있는 아주 큰 도시였습니다. 그 도시에서 출생해서 어릴 때부터 자란 것을 퍽 긍지로 삼고 있던 바울이었습니다. 그의 부모는 세상의 처세술에 대단히 밝은 편이어서 그 당시 유대인으로서는 마치 하늘의 별따기만큼이나 얻기 힘든 로마 시민권을 따낸 사람들이었습니다. 그의 부모가 어떤 방법으로 시민권을 획득했는지 모르지만 부모가 로마 시민권를 가지고 있었기 때문에 바울도 태어나면서부터 로마 시민이었습니다. 혈통은 유대인이지만 법적으로는 로마 사람이었습니다.

로마 시민권 덕분에 바울은 선교사로 일할 때에도 대단히 많은 도움을 받았습니다. 감옥에 끌려가서 어려움을 당할 때도 로마 시민권 덕분에 살아남은 때가 한두 번이 아니었습니다. 또 사람 취급을 받지 못할 위험에 빠졌을 때도 로마 시민권 때문에 그는 당당히 사람 대우를 받았습니다. 그는 재판을 받을 때도 로마 황제에게 재판을 받겠다고 항소를 할 수도 있었습니다. 그 덕분에 그는 황제 앞에 설 수도 있었습니다.

바울이 두 번째 수감되었을 때 사형선고를 받았지만 죽을 때도 그는 사람 대우를 받고 죽었습니다. 로마 시민에게 내리는 사형의 방법은 칼로 목을 베는 것이 전부입니다. 이렇게 하여 바울은 깨끗하게 순교를 당했습니다. 바울에 비해서 로마 시민권이 없었던 베드로는 유대 식민지 사람이라는 이유로 거꾸로 십자가에 매달려 죽는 수모를 당해야 했습니다.

바울은 가말리엘이라고 하는 위대한 스승 밑에서 교육을 받았고 철저하게 유대교로 무장할 수 있었습니다. 그러한 까닭으로 예수 그리스도가 하나님의 아들이라고 주장하는 스데반을 도저히 용납할 수 없었고, 그를 비참하게 끌어 내어 돌로 쳐 죽이는 사건의 주모자가 되었습니다.

당신은 바울처럼 이렇게 무모한 사람을 보셨습니까? 어떤 면에서는 전혀 타협의 여지가 없는 완강한 사람이 아닙니까? 그런데 그가 예수 믿고 변화를 받아 기가 막히게 하나님의 손에 쓰임받은 사람이 되었습니다. 당신은 이 사실을 어떻게 생각하십니까?

죄인 중의 괴수라도

바울을 통해서 우리는 크게 중요한 두 가지 진리를 배울 수 있습니다.

첫째로, 아무리 악한 사람이라도 하나님은 구원하실 수 있다는 진리입니다.

바울은 도덕상 난잡한 생활을 한 사람은 아니었습니다. 그의 생활은 깨끗했지만 예수 그리스도를 대적하고 기독교를 핍박하는 무서운 죄를 범한 사람이었습니다. 그는 스데반과 같은 사람을 돌로 쳐 죽이는 살인죄를 범했습니다. 무고한 남녀노소를 감옥에 끌어넣고 채찍질하는 무서운 죄를 범한 사람이었습니다. 바울이 고백한 말을 들어 보십시오.

"내가 전에는 훼방자요, 핍박자요, 포행자이었으나…" (디모데전서 1:13).

바울은 자기 자신이 전에는 예수님을 보고 함부로 욕하고 모욕하던 훼방자였고, 핍박자였고, 수천 명을 괴롭힌 포행자였으며 또 살인자였다고 고백했습니다. 그리고 그는 자신을 '죄인 중에 두목이었다.'고 눈물로 고백했습니다.

하나님과 바울과의 관계에서 볼 때 바울은 너무나 무서운 죄인이었습니다. 그러므로 누가 보아도, "저 사람은 예수 안 믿을 거야. 세상 사람이 다 믿어도 바울은 예수 못 믿어. 저런 사람이 어떻게 예수 믿겠나?" 하고 낙인찍어 버리고 완전히 부정적인 눈으로 바라볼 수밖에 없던 사람이었습니다. 우리들의 눈에도 바울은 도저히 예수를 믿지 못할 사람으로 보입니다. 그러나 그렇지 않았습니다. 우리의 상상을 초월하여 하나님은 바울을 그의 자녀로 삼아 주셨습니다.

하나님께서는 사람의 추측이나 상상을 뛰어 넘는 일을 하시는 분입니다. 특별히 사람을 구원하시는 일에 있어서는 더욱 그러한 것 같습니다. 인간사회에서도 용납할 수 없다고 생각하는 흉악범들을 하나님께서 구원하심으로 우리를 깜짝 깜짝 놀라게 만듭니다.

하나님의 구원의 섭리

과거 우리 사회에서 커다란 흉악범으로 지목되었고 또 우리 뇌리에서 아직도 그 악몽이 사라지지 않는 몇 사람이 있습니다. 사람을 16명이나 죽인 김대두나 금당사건 주범인 박철웅, 일가족을 도끼로 살해한 고재봉을 들 수 있습니다.

그들은 가고 없지만 그들이 남겨놓은 희한한 일들이 남아 있습니다. 그것은 그들이 사형수로 복역하는 동안 예수 그리스도를 그들의 구주로 받아들였다는 사실입니다. 몹시 갈증 난 사람이 찬물을 벌컥 벌컥 들이키듯이 갈급하게 하나님의 사랑을 들이마신 사람들이었습니다. 그들은 예수님의 십자가를 발견하고 눈물로 철저하게 회개하는 사람들이 되었습니다. 그리고 감옥 안에서 수백 명을 전도해서 예수 믿게 했다고 기록에 나와 있습니다.

그들이 형장의 이슬로 사라지기 직전에 그들은 다시 한 번 자기들 때문에 희생된 사람들에게 사죄를 했습니다. 그리고 예수님이 자신의 죄를 용서해 주셨음과 이제 하나님 나라에 들어간다는 소망을 고백하고 형장에서 평안히 숨졌다고 합니다.

그들은 지옥을 가더라도 맨 밑바닥을 가야 하는 자들처럼 생각되지 않습니까? 그런 사람들이 어떻게 예수 믿고 구원 받느냐고 묻고 싶지 않습니까? 왜 하나님이 그렇게 하실까요?

사람들은 흔히 자기보다 악한 사람이 구원얻는다고 하면 약간 거부반응을 일으킵니다. 그리고 자기 같은 사람이라야 그래도 구원얻을 자격이 있다고 생각합니다. 그런데 하나님은 이것을 거꾸로 뒤집어 놓습니다. 오히려 구원얻을 수 있다고 생각하는 사람은 옆으로 밀어제치고 "너 같은 놈이 어떻게 구원받아? 너 같은 놈이 어떻게 예수 믿어?"라고 멸시 당하는 사람을 끌어다가 하나님이 구원하십니다. 예수님이 계실 동안도 그렇게 하셨습니다.

"내가 진실로 너희에게 이르노니 세리들과 창기들이 너희보다 먼저 하나님의 나라에 들어가리라"(마태복음 21:31).

그 당시 바리새인들은 아무도 예수를 믿으려 하지 않았습니다. 그러나 창기들은 예수를 믿었습니다. 세상에서 사람 취급을 받지 못하던 세리들이 예수 믿고 구원받았습니다. 오늘날도 마찬가지입니다. 바울과 같은 살인자를 주님이 구원시킵니다. 사람들이 볼 때 도무지 가능성이 없다고 낙인찍힌 사람들이 예수 믿고 변화되어 새사람이 되는 것을 봅니다. 하나님은 놀라운 분입니다.

혹시 당신의 가정에서 예수 믿는 사람을 몹시 핍박하는 가족이 있다면 결코 그를 부정적으로 보지 마십시오. 하나님께서는 오히려 그런 사람을 빨리 구원하십니다. 반면, "예수 믿는 거 좋지! 그래 교회 나가지." 하면서도 엿가락 늘어지듯이 안 나오는 사람들이 오히려 더 어려운 경우가 있습니다. 오히려 "왜 교회에 다니느냐?"고 고래고래 고함을 지르고 집안을 요란하게 만드는 사람이 더 빨리 예수 믿는 것을 볼 때가 있습니다.

하나님은 당신이 얼마나 악하냐고 묻지 않습니다. 하나님 앞에서는 모든 사람이 꼭 같습니다. 살인한 사람이나 남을 미워한 사람이나 꼭 같습니다. 그러므로 하나님은 당신이 얼마나 악하냐고 묻지 않으시고 무궁무진한 그의 사랑으로 누구든지 포용하기를 원하신다는 사실을 꼭 기억하십시오.

인간이 포용하지 못한 사람을 하나님이 포용하십니다. 사람이 용서하지 못한 사람을 하나님이 용서하십니다. 사람이 무시

하고 복음을 전해주지 않는 버림받은 사람을 하나님이 직접 찾아가서서 바울처럼 예수 믿게 합니다.

십자가에서 예수님이 흘리신 피는 그 누구의 죄라도 깨끗하게 씻어줄 수 있습니다. 그 누구에게라도 새옷을 입혀줄 수 있습니다. 아무리 악한 죄인이라도 하나님은 구원하실 수 있습니다.

하나님의 절대주권

둘째로, 하나님이 구원하시려고 할 때에는 인간이 절대로 거부하지 못한다는 진리입니다.

바울은 예수 믿을 생각을 추호도 한 적이 없는 사람이었습니다. 그러나 하나님이 다메섹 도상에서 그를 강제로 거꾸러뜨렸습니다. 그래서 바울은 예수를 믿게 되었습니다. 그렇다면 바울이 자의로 예수를 믿게 되었습니까? 타의로 믿었습니다. 바울이 믿고 싶어 믿었습니까? 하나님이 믿게 해서 믿었습니다.

하나님이 바울을 구원해서 그의 자녀로 삼으실 때 바울이 거절할 수 있었습니까? 그렇게 완벽한 유대교 신앙으로, 그렇게 완벽한 헬라 철학으로 무장한 바울이었지만 하나님 앞에서 "안돼요!"하고 거부하지 못했습니다. 결국 그는 길바닥에 거꾸러졌고 "주여, 뉘시오니까?" "주여, 내가 무엇을 하리이까?" 하고 완전히 주의 손에 붙들린 사람이 되어 버렸습니다. 이렇게 원하지도 않는 사람을 강제로 예수 믿게 할 수 있는 이 하나님의 능력을 일컬어서 절대적인 주권이라고 합니다.

"내가 긍휼히 여길 자를 긍휼히 여기고 불쌍히 여길 자를 불쌍히 여기리라"(로마서 9:15).

이것이 하나님의 주권입니다. 하나님 마음대로 하십니다. 그가 원하시는 것은 무엇이나 마음대로 하십니다. 아무리 악한 사람이라도 구원해야겠다고 하실 때는 강권적으로 구원하시는 분입니다. 실패하는 법이 없습니다. 그러나 어떤 사람은 가만히 내버려 둡니다. 우리는 그분이 왜 그러시는지 모릅니다. 아무도 인간이 거기에 대해서 "당신이 왜 그렇게 하시나요?" 하고 불평할 수 없습니다. 그분은 창조주요, 우리는 피조물이기 때문입니다. 어찌 감히 토기가 토기장이더러 "너 나를 왜 이렇게 만들었느냐?"고 할 수 있겠습니까?

우리는 하나님이 자기 마음대로 하시는데 대해서 절대 어떤 조건을 달 수 없습니다. 많은 사람들이 조건을 달려고 몹시 애를 쓰지만 어리석은 짓입니다. 하나님이라는 분을 너무나 모르기 때문에 건방지게 달려드는 것입니다. 독재자가 제 마음대로 해도 말 한 마디 못하는 사람들이 하나님이 자기 마음대로 하는데 대해서는 참지 못합니다. 이것이 인간입니다

어떤 사람은 "예수 믿는 것은 내 자유 의지에 의해서 결정하는 것이지 누가 믿으라고 해서 믿고, 말라고 해서 안 믿나? 내가 결

정하는 것이야."라고 생각합니다. 하나님이 아무리 믿으라고 해도 자기가 안 믿으려면 안 믿는다고 자부하고 있습니다. 그 사람은 스스로 속고 있는 것입니다. 강권으로 바울을 다루신 하나님을 당신은 상상할 수 있습니까?

하나님이 찾아와서 "내가 너를 구원하고 싶은데 너 생각은 어떻니?"하고 의논하는 분입니까? 그래서 내 의견을 들어보고 결정하시는 하나님인가요? 만약에 내가 "하나님, 나 싫어요. 안 믿어요. 왜 내가 믿어요?"라고 하면 "그래? 그러면 할 수 없지."하고 뒤로 물러서는 하나님이라고 생각합니까?

많은 사람들이 그런 식으로 생각합니다. 만약 하나님이 그렇게 하신다면 큰 문제가 발생합니다. 무능한 하나님이 되어 버리기 때문입니다. 사람의 의견에 따라서 이리도 되고 저리도 되는 뼈 없는 하나님을 상상할 수 있습니까? 그런 하나님을 아버지라고 믿고 싶습니까? 우리가 믿는 하나님은 절대 그런 분이 아닙니다.

성경에 보면 한 사람을 구원하시기 위해서 하나님은 이 세상을 창조하기 전에 계획을 세웠다고 했습니다. '나'라는 존재가 이 세상에 태어나기도 전에 하나님께서는 나를 구원하시겠다고 계획을 세워 놓으셨다고 했습니다. 하나님은 그 계획대로 일하십니다. 놀라운 이야기입니다. 자기가 세워 놓은 계획을 사람이 싫어하며 거부한다고 해서 하나님이 자기 계획을 포기하시겠습니까? 창조 전부터 세워 놓은 계획을 하나님이 인간의 거부 반응 때문에 실천하지 못하신다면 그분은 하나님이 아닙니다.

하나님은 바울을 구원하시기 위해서 창세 전부터 계획하시고 기다리셨다가 다메섹 도상에서 그를 거꾸러뜨렸습니다. 왜 그렇게 하셨습니까? 하나님이 작정하신 일이기 때문입니다. 그러므로 하나님이 구원하시려고 할 때 인간은 아무도 거부하지 못합니다. 이것을 일컬어서 절대주권이라고 합니다.

요즈음 우리 교회 안에서도 "예수 절대 안 믿는다."고 고집하던 사람을 하나님이 강제로 꺾으시는 예를 가끔 보게 됩니다. 그렇게 자신만만하게 위용을 자랑하던 사람이 별안간 병상에 누워 꺾이니까 세상에서 제일 약한 사람이 됩니다. 누구나 다 마찬가지입니다. 강인하고 자신이 넘치고 모든 면에서 완벽한 사람일수록 나중에 꺾일 때 보면 제일 약한 사람이 되는 것을 봅니다. 그들의 병상을 찾아 가서 "선생님, 기도해 드릴까요?" 하면 "예, 기도해 주십시오." 하고 전에 없이 다소곳하게 변해 있는 것을 봅니다. 얼마나 약해졌는지, 얼마나 고분고분해졌는지…. 하나님이 한 번 꺾으시면 사정이 없어요. 누가 감히 반항할 수 있습니까?

어떤 사람은 만사가 형통한데 눈이 어두워 하나님이 없는 것처럼 으시댑니다. 그러다가 하나님이 그의 재산을 송두리째 거두어 가시면 그때서야 잿더미 위에 앉아서 하나님 앞에 무릎 꿇는 모습을 봅니다. 누가 거부할 수 있습니까? 나중에 그분들이 예수 믿고 나서 "하나님이 나의 재산을 앗아가시고 나를 구원해

주심을 감사합니다." 하고 눈물로 감사하는 모습을 보았습니다. 어떤 사람은 병 고침 받고 하나님 앞에 "주여, 무서운 질병을 통해서 나를 하나님 자녀로 삼아 주신 것을 감사합니다." 하고 그때서야 비로소 영의 눈을 뜨는 사람도 보았습니다. 그렇습니다. 누구든지 하나님 앞에서는 거부할 수 없습니다.

가슴에 총을 맞고서야

1976년 몬트리올에서 올림픽이 열리던 당시에 그곳에서 직접 겪었던 일입니다.

한국 선수의 경기를 구경하고 오후 늦게 토론토로 돌아 가려고 하는데 어떤 집사 부부가 저를 붙들었습니다. 목사를 만나면 꼭 대접을 해서 보낸다는 그 부부의 간청을 뿌리칠 수가 없어서 할 수 없이 그들과 같이 음식점에 들어 갔습니다. 주문한 음식이 나오기 전에 그들과 대화를 나누었습니다. 남편은 명문대학교 법학과를 졸업하고 미혼 시절에 은행에서 근무를 했다고 합니다. 그때 그곳에서 근무할 동안에 은행 동료인 어떤 자매와 교제를 하다가 결혼 문제가 나오게 되었습니다. 이 자매는 어릴 때부터 철저한 신앙으로 자라난 아름다운 그리스도인이었습니다. 그러나 그때 남편은 예수를 믿지 않는 사람이었습니다. 이것이 그들의 문제가 되었습니다.

주례를 서시는 목사님은 세례를 받기 전에는 절대로 주례를 해 주지 못한다고 딱 잘라 말했기 때문에 그는 결혼하기 위해서 억지로 예수 믿겠다고 약속을 했습니다. 결혼을 위해서라면 못할 게 없다는 생각이 들어서 여자를 따라 교회에 나가 학습도 받고 세례도 받아서 드디어 결혼을 했습니다. 얼마간은 행복했습니다. 그러나 얼마 지나지 않아 가정에 먹구름이 끼기 시작했습니다. 부인의 신앙이 얼마나 좋은지 주일날이면 아침부터 저녁까지 교회에서 봉사를 하고 월급을 갖다주면 하나님의 것이라고 꼭 십일조를 구별해서 바치니까 믿음이 없는 남편은 울화통이 터질 일이었습니다. 때문에 가정에 불화만 계속되었습니다. 부인이 고민에 빠져서 "내 남편 정말 구원시켜 주옵소서. 주여, 다메섹 도상의 바울처럼 남편을 꺾어 주세요."라고 기도하기 시작했습니다.

그러다가 그 부부가 캐나다로 이민을 왔습니다. 제가 만났을 때는 이민 온지 3년이 된 때였습니다. 그들이 이민 왔을 때 몬트리올에서 조그마한 식품가게를 열었습니다. 처음에는 장사가 아주 잘 되었다고 합니다. 그러던 어느날 남편이 가게를 보고 있고 아내는 자기 방에서 무엇을 하고 있는데 갑자기 총소리가 났습니다. 부인이 놀라서 가게에 뛰어나가 보니 어떤 백인이 무턱대고 남편을 쏜 것이었습니다. 남편은 가슴에 총알을 맞아 흥건히 피를 쏟고 쓰러져 있었습니다. 급히 병원으로 실려 갔으나 의사들은 전혀 가망이 없다고 말했습니다.

부인이 너무나 기가 막혀서 하나님 앞에서 이렇게 매달렸다고 합니다. "주여, 남편의 영혼을 데려가는 것은 좋지만 구원을 해야 할 것이 아닙니까? 사람은 데려 가더라도 그 영혼이 하나님 나라에 들어 가도록 준비는 시켜야 되지 않습니까? 하나님, 이렇게 데려 가시면 어떻게 합니까?" 하고 대성통곡을 했다고 합니다. 그런데 기적이 일어났습니다. 의사들도 기적이라고 했습니다. 환자가 의식이 돌아오더니 고비 고비를 넘기면서 서서히 회복되기 시작했습니다.

수개월 동안 투병생활을 하면서 부인은 날마다 남편 옆에서 하나님께 매달려 기도했습니다. 눈물로 기도하는 부인을 물끄러미 바라보던 남편의 마음이 무너지기 시작했습니다. 그리하여 자기가 얼마나 완악하고 잘못된 사람인가를 회개하기 시작했습니다. 그리고 부인의 손을 붙잡고 예수를 믿겠다고 고백하고 하나님의 자녀가 되었습니다. 새사람이 되었습니다. 하나님이 강제로 꺾은 것입니다. 부인의 기도대로 다메섹 도상에서 바울을 꺾듯이 확 꺾어 놓으셨던 것입니다. 이런 이야기를 하면서 그는 속옷을 올리고 총알을 맞은 자국을 보여 주었습니다. 아직도 총탄이 박혀 있다고 합니다. 뽑을 수가 없다고 했습니다.

눈물로 기도했던 그의 부인이 남편을 이렇게 자랑합니다.

"우리 남편 너무 너무 변했어요. 이제는 제가 따라가려면 숨이 막힐 지경이에요. 얼마나 교회에 열심이고 얼마나 은혜를 사모하는지…. 부흥회를 한다면 몬트리올에서 토론토까지 그렇게 먼 길이지만 막 뛰어 달려오고 헌금하자고 하면 주머니에 있는 것 다 털어놓고… . 이 정도로 사람이 바뀌었어요."

당신도 거부하지 못한다

하나님의 자녀가 되어 구원얻는 일을 자기가 했다고 말할 사람은 세상에 하나도 없습니다. 전적으로 하나님께서 하셨습니다. 그래서 기독교를 은혜의 종교라고 말합니다. 김대두, 고재봉과 같은 사람들—인간의 생각으로는 도무지 구원받지 못할 것이라고 생각한 사람—이 구원받았습니다. 그 사람들이 자기 힘으로 구원받았습니까? 하나님이 구원해 주셔서 구원받은 것뿐입니다. 하나님이 구원하시려고 할 때 인간이 거부하지 못합니다. 이것이 은혜입니다.

당신은 마음으로 예수를 믿고 싶지 않을지 모릅니다. 그러나 주님이 당신에게 예수 믿으라고 끌어 들일 때 당신은 거부하지 못합니다. 왜냐하면 당신을 사랑하시기 때문입니다. 당신을 너무 사랑하셔서 주님이 십자가에서 당신을 위해 그 보배로운 피를 흘려 주셨습니다. 자기의 생명을 아끼지 않고 희생하신 분이 우리를 구원하지 않겠습니까? 아무리 악한 사람이라도 하나님 나라에 들어오게 할 수 있는 풍성한 은혜를 가지신 하나님 앞으로 나오십시오!

지금 교회에 다니고 있기는 하지만 바울처럼 철저하게 굴복하지 못하고 있다면 하나님은 당신의 결단을 기다리고 계십니다. 바울처럼 하나님 앞에 꿇어 엎드리십시오. 그리고 "주여, 내가 무엇을 해야 합니까?" 하고 물어 보십시오. 그리고 주님이 내미시는 피묻은 손을 거절하지 마십시오. 당신을 부르시는 사랑이 넘치는 그 음성에 귀를 막고 돌아서지 마십시오. 주님의 부르심에 대답하십시오.

인생의 카운트다운

"여호와여 나의 종말과 연한의 어떠함을 알게 하사 나로 나의 연약함을 알게 하소서. 주께서 나의 날을 손넓이만큼 되게 하시매 나의 일생이 주의 앞에는 없는 것 같사오니 사람마다 그 든든히 선 때도 진실로 허사뿐이니이다(셀라) 진실로 각 사람은 그림자 같이 다니고 헛된 일에 분요하며 재물을 쌓으나 누가 취할는지 알지 못하나이다. 주여 내가 무엇을 바라리요. 나의 소망은 주께 있나이다"(시편 39:4~7).

우리가 아무리 여유를 잃어 버린 현대인이라 하지만 계절이 바뀌는 변화에조차 무심할 수는 없습니다. 사시사철 속에는 저마다 하나님의 섭리가 담겨져 있습니다. 그 중에서도 특별히 가을은 어느 계절보다도 생의 엄숙함을 일깨우는 영감이 풍부한 계절입니다. 그래서 가을이 되면 사람들은 퇴락한 낙엽더미를 보고 인생의 덧없음을 절감하기도 하고, 스산한 바람 소리를 들으며 삶과 죽음에 대해 생각하는 사색가가 됩니다. 저도 때때로 한 편의 시를 음미하다가 조용히 명상에 잠기기도 합니다.

가을에는
기도하게 하소서
낙엽들이 지는 때를 기다려 내게 주신
겸허한 모국어로 나를 채우소서
(중략)
가을에는
호올로 있게 하소서 ― 김현승의 「가을의 기도」중에서

이렇듯 가을은 우리로 하여금 보다 진지하게 삶을 바라볼 수 있는 자리로 이끌어 줍니다. 그러나 반드시 알아 두어야 할 사실이 하나 있습니다. 그것은 그 어떤 훌륭한 예술가나 철학가라 할지라도 자연 속에서 인생의 의미에 대한 온전한 해답을 밝혀 낼 수 없다는 것입니다. 우리가 어디에서 왔고, 지금 왜 이 자리에 있으며, 장차 무엇을 향해 살아가야 하는가? 이 물음에 자신있게 대답하지 못합니다. 오직 성경만이 그 궁극적인 답변을 제시할 수 있습니다. 그러므로 우리 모두는 하나님의 말씀 앞에 겸허하게 서서 유일무이한 그분의 음성에 귀기울여야 합니다.

다윗의 진정한 기도

시편 39편은 다윗이 영감으로 기록한 기도입니다. 그는 여기에서 하나님께 두 가지 기도를 하고 있습니다.

"여호와여 나의 종말과 연한의 어떠함을 알게 하사 나로 나의 연약함을 알게 하소서"(4절).

"주여 내가 무엇을 바라리요. 나의 소망은 주께 있나이다"(7절).

다윗의 기도를 주목해 보십시오. 다윗과 같이 자신의 약함을 인정하게 될 때 인생은 강해지고 자신의 무가치함을 깨달을 때 진정 그 인생은 가치를 지니게 되는 것입니다. 이것이 하나님께서 우리에게 가르쳐 주신 만고불변의 진리입니다. 그러나 대부분의 사람들은 자신의 약한 것을 드러내지 않으려고 갖가지 추태를 다 부리다가 자기뿐만 아니라 다른 사람에게도 돌이킬 수 없는 악영향을 미치게 되는 것을 봅니다.

손넓이만 한 인생

다윗은 자기의 생이 대단히 짧다는 사실에서 자신의 연약함을 깨달았습니다. 그는 인생을 가리켜 '손넓이만 하다.'고 했습니다. 영어로 말하면 'Nothing'입니다. 없는 것 같다는 말입니다.

"우리의 년수가 칠십이요, 강건하면 팔십이라도 그 년수의 자랑은 수고와 슬픔 뿐이요, 신속히 가니 우리가 날아가나이다"(시편 90:10).

우리의 인생이 모세가 말한 대로 연수가 70이요, 강건하면 80 정도 된다는 데 그 연수도 따지고 보면 손바닥만 한 것이요, 또 어떤 면에서는 없는 것이라고 말할 수 있습니다.

"나의 때가 얼마나 단촉한지 기억하소서. 주께서 모든 인생을 어찌 그리 허무하게 창조하셨는지요"(시편 89:47).

에단이라고 하는 시편 기자가 인생의 짧음과 허무함을 하나님께 하소연하고 있습니다. 우리도 가끔하는 탄식입니다.

인생을 좀더 깊이 관조하고 깨달은 사람들 중에 에드몬드 쿡이라는 사람은 인생을 "텅빈 거품"에 비유했습니다. 또 시인 바이런은 "내 인생은 만추의 낙엽—꽃과 열매는 다 떨어지고 벌레와 낡음과 비애만이 남았다."고 쓸쓸히 인생의 허무를 노래했습니다. 유명한 셰익스피어는 "인생! 그것은 단지 걸어가는 그림자, 초라한 배우일 뿐"이라는 말을 남겼습니다. 그는 무대에 나와서 제 시간을 채운 뒤 소리없이 사라지는 배우로 인생을 묘사했습니다.

인생을 70년이라 가정하고 계산했을 때, 부모 슬하에서 성장하는 기간 15년, 수면 시간 20년, 먹고 쉬고 즐기고 또 적당히 보내는 시간 15년, 늙어서 아무것도 못하는 시절 5년, 그래서 사람구실을 할 수 있는 기회는 70년 중에서 15년밖에 남지 않는다고 합니다. 그러나 요즈음에는 TV시청으로 7, 8년을 빼앗기고 나면 일을 제대로 할 수 있는 시간은 7, 8년 내지 5년밖에 남지 않을 것입니다. 정말 손넓이만 합니다. 아무것도 없습니다.

또 인생을 하루 24시간에다 맞추어 계산해서 재미있게 소개한 사람의 이야기를 들어 봅시다.

열다섯 살은 오전 8시 51분이고, 스무 살은 11시 8분, 스물다섯 살은 정오가 넘어간 12시 25분, 중천에 해가 뜬 대학시절이 제일 좋은가 봅니다. 결혼할 때쯤인 서른 살은 오후 1시 25분, 자식을 낳고 사회적으로 지위가 올라갈 때쯤인 서른다섯 살은 2시 59분, 이제는 좀 괜찮게 자리를 잡았다고 느낄 때쯤인 마흔 살은 벌써 4시 16분, 아주머니로 치면 장바구니 들고 저녁거리를 사러 갈 때입니다. 별 것 아닙니다. 마흔다섯 살쯤이면 인생의 황금기인지도 모릅니다. 젊었다고 마지막으로 기를 쓸 수 있는 때요, 축적된 어떤 능력을 가지고 무언가 인생을 바로 볼 수 있는 때라고 생각되는데 이 때는 시간으로 따져서 5시 43분, 해가 뉘엿뉘엿 넘어가는 시간입니다. 쉰 살은 6시 50분, 쉰다섯 살은 8시 8분, TV의 골든 프로그램도 끝날 시간입니다. 예순 살은 10시 11분, 이제 이부자리를 펼 시간입니다.

이런 식으로 인생을 따져 본다면 허무하기 짝이 없는 것이 인생입니다. 정말 손넓이만 한 것이요, 사실은 없는 것입니다. 우리의 젊음과 건강, 또 많은 재물도 인생의 무상함을 절대로 구제하지 못합니다.

인생의 덧없음을 얘기할 때 사람들은 대략 두 가지로 반응을 보입니다. "아, 나는 아무것도 아니구나. 어떻게 살아야 가치있게 살 수 있을까?" 이렇게 겸손한 태도를 보이는 사람이 있습니다. 또 어떤 사람은 "먹고 즐기자. 이 짧은 인생, 늙기 전에 여한 없이 즐겨야지…" 이렇게 인생을 하루살이처럼 취급하는 사람도 있습니다. 우리는 하나님이 원하시는 반응을 보여야 합니다. 그것은 절대자 앞에서 겸손해지는 것입니다.

"또 비유로 저희에게 일러 가라사대 한 부자가 그 밭에 소출이 풍성하매 심중에 생각하여 가로되 내가 곡식 쌓아 둘 곳이 없으니 어찌할고 하니 또 가로되 내가 이렇게 하리라 내 곳간을 헐고 더 크게 짓고 내 모든 곡식과 물건을 거기 쌓아 두리라. 또 내가 내 영혼에게 이르되 영혼아 여러 해 쓸 물건을 많이 쌓아 두었으니 평안히 쉬고 먹고 마시고 즐거워하자 하리라 하되, 하나님은 이르시되 어리석은 자여 오늘 밤에 네 영혼을 도로 찾으리니 그러면 네 예비한 것이 뉘 것이 되겠느냐 하셨으니 자기를 위하여 재물을 쌓아 두고 하나님께 대하여 부요치 못한 자가 이와 같으니라"(누가복음 12:16~21).

이 어리석은 부자의 비유를 보십시오. 하나님은 교만한 사람을 원치 않습니다. 알렉산더와 같이 세계를 정복하려는 야망에 불타는 영웅을 원하시는 것도 아닙니다. 하나님은 우리 모두가 하나님 앞에 다소곳이 지혜를 구하는 겸손하고 온유한 사람이 되기를 원하십니다.

죽음이란 수수께끼

다윗은 또 죽음을 염두에 두고 자기의 연약함을 깨달았습니다. 죽음이란 인생이 아직 풀지 못한 최대의 수수께끼입니다. 어떤 위인도 그 죽음과 싸워 이긴 적이 없습니다.

매사추세츠 대학교 교수를 역임했던 밀톤 메이어가 죽음을 주제로 한 논문을 쓴 적이 있습니다. 브리테니커 백과사전의 특집 부록에 실렸던 논문입니다. 그 논문에서 메이어 교수는 죽음이라는 수수께끼를 이렇게 표현했습니다.

"죽음에 대해 무엇을 말해야 할지 나는 모른다. 왜냐하면 죽음에 대해 무엇을 생각해야 할지 모르기 때문이다. 나는 죽음에 대해 무엇을 생각해야 할지 모르겠다. 왜냐하면 죽음 그 자체가 무엇인지조차 도무지 모르기 때문이다."

죽음을 말하는 메이어 교수의 관점은 알쏭달쏭하기만 합니다. 그러나 핵심을 찌르는 이야기입니다. 죽음에는 역사가 없다고 합니다. 역사는 변화가 있어야 하는 것인데 죽음에는 변화가 없기 때문에 역사가 없습니다. 수천 년 전의 죽음의 모습이나 수천 년이 지난 현대 문명에 찾아오는 죽음의 모습이 똑같기 때문입니다.

"주께서 저희를 홍수처럼 쓸어가시나이다. 저희는 잠깐 자는 것 같으며 아침에 돋는 풀 같으니이다"(시편 90:5).

120년을 살았던 모세의 말입니다. 그런데 이 말이 실감이 납니까? 지금 현재 세계에서 하루 동안에 죽는 사람이 170만 명입니다. 세계적으로 하루 동안 죽는 사람이 매초에 20명입니다. 아무리 홍수가 무섭게 몰려와도 백만 명이 죽었다는 예는 아직 없습니다. 그러나 죽음은 하루에 170만 명을 쓸어갑니다. 모세의 말이 맞습니다. 얼마나 죽음이라는 것이 잔인하고 무서운 것입니까? 그 170만 명 안에 언제 자신이 포함될는지 아무도 모릅니다. 하나님은 이 죽음을 통해서 우리가 연약함을 깨닫기를 원하십니다.

"초상집에 가는 것이 잔치집에 가는 것보다 나으니 모든 사람의 결국이 이와 같이 됨이라. 산 자가 이것에 유심(留心)하리로다"(전도서 7:2).

우리는 매일 집을 나서며 오늘도 무사히 주님 은혜 안에서 살게 해 주시기를 마음 속으로 기도합니다. 그러나 여기에 한 가지 기도를 더해야 합니다. 오늘이라도 나에게 죽음이 다가온다면 준비된 사람으로서 죽음을 맞이할 수 있게 해달라는 기도를 해야 합니다. 대부분의 사람들은 "오늘도 무사히"라는 기도는 하면서도 "준비된 사람이 되게 해 달라."는 기도는 하지 않습니다. 그만큼 우리는 아직도 정신을 차리지 못하고 인생을 살고 있습니다.

직접 교통사고를 당해 보니까 '참, 인생이 순간이구나!' 라는 것을 실감했습니다. '이제는 죽었구나!' 하는 생각이 섬광처럼 뇌리를 스쳐 지나갈 때 이미 사고가 일어난 것입니다. 이 짧은 1, 2초 사이를 누가 준비할 수 있습니까? 아무도 준비하지 못합니다. 만약에 그 사고가 치명적인 것이었다면, 저는 저도 모르는 사이에 벌써 주님 앞에 섰을 것입니다. 얼마나 죽음이라는 것이 잔인하고 얼마나 무섭게 다가오는지요.

언젠가 무척이나 가슴 아픈 이야기를 들은 적이 있습니다. 하와이에 사는 어느 교포의 이야기입니다. 그 사람은 이민을 온 뒤 생명보험 회사를 찾아갔다고 합니다. 보험회사의 직원과 액수를 놓고 상담을 하다가 아무래도 보험 금액이 좀 많은 것 같아서 잠시 생각해 보고 오후에 오겠다는 약속을 남긴 채 집으로 돌아오다가 그만 자동차 사고로 유명을 달리했다는 것입니다.

이런 얘기를 들으면 정말 인생이 별게 아닌 것 같습니다. 차라리 보험증서에 사인이나 하고 돌아왔으면 돈이나 받을 텐데. 좀 더 살 줄 알고 사인을 미루고 집으로 오다가 비명에 간 것입니다. 우리 앞에 언제 죽음의 그림자가 덮칠지 그것을 아는 자는 한 사람도 없습니다.

이런 젊은이도

가끔 병원에 가보면 적지 않은 사람들이 언제 그 병상을 떨치고 일어날지 모르는 지병을 안고 외롭게 투병생활을 하는 모습을 대하게 됩니다. 개척교회를 막 시작하고 나서 겪은 일인데 지금까지 잊혀지지 않는 사람이 있습니다. 암에 걸려 고통하던 스물여덟 살의 청년입니다. 고통을 견디다 못해 몰핀을 맞으며 그 힘든 병상생활을 하다가 나중에는 뼈만 앙상하게 남은 채 중환자실에서 눈을 감던 그 젊은이를 잊을 수 없습니다. 가족들은 처음에 그 형제에게 암이라는 것을 숨겼습니다. 가슴에 있는 혹을 떼냈다고 거짓말을 하고 이제 아물면 퇴원한다는 말로 3개월을 속이고 지냈습니다. 그러나 목사인 저는 그 사실을 알고 복음을 가지고 거의 매일같이 그를 방문했습니다.

제가 예수님 이야기를 할 때마다 잘 생기고 똑똑한 그 청년은 도무지 마음 문을 열지 않았습니다. "목사님, 이제 퇴원하면 제가 해야 할 일이 너무나 많아요. 조금 더 지나고 나서 예수 믿는 것에 대해서 고려해 보겠어요. 의사 말로는 혹을 떼냈으니까 한 달만 지나면 퇴원할 수 있대요." 그의 포부를 듣는 그 순간 얼마나 깊은 인생의 비애와 고통을 느껴야 했는지 모릅니다. 오늘날 이 세상을 활보하며 걸어 다니는 많은 사람들 중에 이와 같이 어리석은 소리를 하는 사람이 많습니다. 재물을 쌓아 놓고 세월에 맞춰 갖가지 계획을 세우지만 한 가지 중요한 사실을 잊고 있습니다. 이미 죽음의 운명을 안고 사는 사람이라는 것을 깨닫지 못하는 것입니다.

우리는 죽음 앞에 겸손해야 합니다. 죽음을 통해서 우리 자신이 겸손을 배웁시다. 하나님 앞에 내 자신이 아무것도 아니고 약한 존재라는 것을 배웁시다. 이것이 우리가 강해지는 길이요, 삶을 좀더 보람있게 개척해 나가는 비결입니다.

"필경은 흙으로 돌아 가리니 그 속에서 네가 취함을 입었음이라. 너는 흙이니 흙으로 돌아갈 것이니라 하시니라"(창세기 3:19).

"죄의 삯은 사망이요"(로마서 6:23).

"한 번 죽은 것은 사람에게 정하신 것이요, 그 후에는 심판이 있으리니"(히브리서 9:27).

세 가지 죽음

죽음은 죄의 결과입니다. 그러므로 인생의 허무와 죽음의 문제를 해결하려면 죄 문제를 해결해야 합니다. 죄는 우리에게 죽음을 안겨 주었습니다. 성경은 죽음에 대하여 다음과 같이 세 가지로 말하고 있습니다.

첫째는 영의 죽음입니다.

둘째는 육신의 죽음입니다.

셋째는 영원한 죽음입니다.

우리는 죄의 결과로써 이 세 가지를 복합적으로, 또 순서적으로 받았습니다.

제가 미국에 있을 때 미시간 대학에 다니는 교포 학생들을 데리고 아름다운 호숫가에 가서 3박 4일 동안 수양회를 인도한 적이 있습니다. 꿈많은 젊은이들에게 진정한 죽음의 의미를 보여준다는 것은 대단히 어려운 일입니다. 그러나 그 시간에 죄의 값은 사망이라는 것을 가르쳐야 했기에 저는 속으로 하나님께 기도했습니다. 지혜를 달라고 말입니다. 그런데 좋은 생각이 스쳐 지나갔습니다.

저는 머리 위에 있는 파란 나뭇가지를 하나 꺾었습니다. 그리고 학생들에게 "여러분, 이 가지는 살았나요? 죽었나요?" 하고 물었습니다. 당연히 두 가지 대답이 나왔습니다. 한편에서는 살았다는 대답을 하는가 하면 다른 한편에서는 죽었다고 대답하는 것이었습니다. "왜, 살았어요?" 하고 물었더니 "아직 파랗잖아요?"라고 대답을 했습니다. 또 "왜 죽었어요?"라고 물으니 "가지가 이미 꺾여 나왔잖아요?"라고 대답했습니다.

저는 나뭇가지를 들고 먼저 영적 죽음을 설명했습니다. 나뭇가지가 아무리 파란 잎을 달고 있다 할지라도 이미 나무 줄기로부터 꺾여져 나온 것이므로 죽은 것입니다. 우리 인생은 하나님으로부터 끊어져 버렸습니다. 그래서 인생을 살면서 하나님의 존재를 깨닫지도 못하고 찾지도 않습니다. 이미 죄와 허물로 죽은 사람입니다. 생명의 원천이신 하나님으로부터 끊어져 나왔기 때문에 이팔청춘의 생을 구가하는 젊은이라도 그는 하나님 앞에 죽은 자입니다. 이것이 곧 영적 죽음입니다.

나뭇가지가 2, 3일 동안은 파랗게 살아 있습니다. 마찬가지로 영적으로 죽은 사람도 얼마 동안 육신으로 살 수 있습니다. 그래서 사람들은 생각하기를 이 세상에 태어나서 살아가는 70~80년의 기간을 사는 것으로 여깁니다. 그리고 이 생명이 전부인 것처럼 생각하고 있습니다. 그러나 하나님이 보실 때에는 끊어진 나뭇가지와 같은 것입니다. 나뭇가지는 사나흘이 지나면 저절로 말라 버립니다. 잠깐 살다 죽는 인생, 그것을 일컬어 육신의 죽음이라고 합니다.

나뭇가지가 마르면 농부들이 와서 주워다가 불에 집어 던집니다. 이와 마찬가지로 사람이 살다가 죽으면 하나님께서 죄의 대가를 받는 영원한 처소로 데려 갑니다. 그것을 일컬어서 영원한 죽음이라고 합니다.

당신은 육신의 죽음과 그 다음에 올 영원한 죽음에 대해서 어떤 준비를 하고 계십니까? 당신이 죽을 때 과연 누구의 이름을 부르시렵니까? 누구를 찾으시렵니까?

죽음을 정복하신 예수

예수님은 십자가에 못박혀 돌아가실 때 "아버지여, 나의 영혼을 주의 손에 부탁하나이다."라고 하셨고, 스데반은 돌에 맞아 죽으면서도 "오, 주 예수여 내 영혼을 받으시옵소서."라고 했습니다. 유명한 전도자 무디는 "아, 아름답구나. 어린 아이들이 뛰논다. 정말 저것이 천국이구나. 죽음이 이런 것이라면 두려울 것이 없어. 나는 간다."고 하며 천국으로 갔습니다. 최권능 목사님은 병상에서 "금방 하나님 나라에서 나에게 전보가 왔어. 전보를 보니 빨리 오래. 나 먼저 가." 하고는 세상을 떠났습니다. 얼마나 멋있게 죽음을 준비한 사람들입니까?

그러나 준비가 되지 못한 사람은 나폴레옹처럼 죽을 때 "조세핀" 하고 죽습니다. 조세핀을 부르는 것이 무슨 의미가 있습니까? 참으로 불쌍한 존재입니다. 만약 우리도 죽을 때 그런 식으로 죽는다면 정말 한심하고 안타까운 일입니다.

볼테르는 뛰어난 지식인이었습니다. 그는 "하나님도 없다. 지옥도 없다. 천당도 없다. 우리의 이성으로 알지 못하는 것은 전부 거부한다."는 불가지론자였습니다. 그러나 천당도 지옥도 없다고 고집하던 그가 나중에는 "나는 이제 지옥으로 간다!"고 큰 소리로 외치며 죽었습니다.

우리는 죄 문제를 해결하고 인생을 살아야 합니다. 이 문제를 해결하시는 분은 오직 예수 그리스도 한 분뿐입니다. 그분은 우리의 죄 때문에 십자가를 지셨고 우리의 죄를 그 십자가의 피로 완전히 청산하셨습니다. 그리고 모든 죄인을 죽음에서부터 해방시켜 자유케 하셨습니다. 그러므로 그분 안에서는 생의 허무가 극복됩니다. 영원한 생명되신 그리스도를 모시고 살기 때문입니다.

"내가 그리스도와 함께 십자가에 못 박혔나니 그런즉 이제는 내가 산 것이 아니요, 오직 내 안에 그리스도께서 사신 것이라. 이제 내가 육체 가운데 사는 것은 나를 사랑하사 나를 위하여 자기 몸을 버리신 하나님의 아들을 믿는 믿음 안에서 사는 것이라"(갈라디아서 2:20).

예수 믿고 십자가를 바라보는 사람은 죽음의 공포에서 해방됩니다. 이미 영생 얻을 준비를 하고 있기 때문입니다. 또 죽음 일보 직전의 사람이라도 그가 그리스도를 발견한다면 완전히 되살아난 사람으로 변합니다. 세상에서 죽음을 극복한 삶을 삽니다.

예수를 믿으면 산다!

부목사로 섬기던 교회에서 있었던 일입니다. 하루는 심방을 마치고 좀 피곤하여 쉬고 있는데 어떤 청년이 교회에 찾아왔습니다. 그의 옷에서는 냄새가 나고 보자기에다 무엇을 싸 들고 왔는데 얼굴은 말랐고 행색이 남루하기 그지없었습니다. 혹시나 걸인인가 하고 "어떻게 오셨나요?" 하고 물어 보았습니다. 남루한 그 청년은 "저는 과거가 기가 막힌 사람입니다. 이제 더 살고 싶지 않아서 죽을 방도를 찾고 있는데 누가 종이 쪽지를 주었어요. 마지막으로 한 번 읽어 보기나 하자 하고 무심히 보았어요. '주 예수를 믿으라.'는 말이 적혀 있었습니다. 그리고 무슨 말인지 더 알고 싶으면 교회로 찾아오라는 말이 있어서 이왕 죽을 바에 한 번 가보자는 생각이 들어 교회로 온 것입니다."라고 말을 했습니다.

그리고 그 청년은 보자기를 풀어 어떤 노트를 나에게 건네 주었습니다. 자기의 지난 과거를 기록한 노트였습니다. 그것을 읽어 보니 참으로 기가 막힌 인생이었습니다. 초등학교 때 가출하여 서울로 올라와 남대문 시장을 거점으로 소매치기를 하면서 밑바닥을 헤매며 감옥에도 수없이 드나든 사람이었습니다. 한번은 자살하려고 수면제를 먹었는데 깨어보니까 감옥이었다고 합니다. 그 약의 후유증으로 팔 하나를 제대로 쓰지 못하는 그는 정말 누더기 같은 인생을 산 사람이었습니다. 그의 말이 연극 같지는 않아서 저는 기도하는 마음으로 청년에게 복음을 전했습니다. 30분 가량 예수님을 증거했을 때 그는 예수를 믿겠다고 대답을 했습니다. 그래서 같이 손을 잡고 기도를 하는데 얼마나 그가 서럽게 우는지 저도 같이 눈물을 흘렸습니다. 한참을 우는 그를 달래서 "오늘 내가 준 성경을 어디서든지 열심히 읽고 다시는 소매치기 노릇하지 말고 기다렸다가 사흘 후 주일이 되면 예배드리러 여기에 나오시오. 왜냐하면 당신은 돈을 얻으로 온 사람이 아니지 않소?" 하고 그를 보냈습니다.

그런데 그를 보내놓고 생각하니 너무나 가슴이 아파서 불현듯 그를 뒤따라 정신없이 달려갔습니다. 한참을 헤매다 그를 찾아서는 호주머니의 돈을 있는대로 털어주며 "이 돈으로 허기를 면하고 주일날 꼭 교회로 나오시오." 했더니 한사코 사양을 했습니다. 간신히 돈을 건네 주고 돌아와서는 그때부터 주일을 기다렸습니다. 죽음을 앞에 놓고 인생 밑바닥을 헤매던 사람이 살아나는 모습을 보고 싶었습니다. 정말 하나님께서 일하시는가를 보고 싶었습니다. 드디어 주일날, 부목사인 저는 신자들을 안내하며 그를 기다리는데 예배시간 5분 전까지도 나타나지를 않았습니다. 속은 것이 아닐까 생각하는 순간에 그가 보따리 하나를 들고 어거정 어거정 나타났습니다. 어떻게나 반가운지요, 싱긋이 웃으며 인사하는 그를 자세히 보니 얼굴도 씻고 매무새도 단정히 해서 온 것이었습니다. 그리고 그는 예배를 드리고 돌아갔습니다. 그리고 3주 동안을 꼬박 꼬박 교회로 찾아 나오는 것을 보고 그때 교회에 알려서 구제비를 타다가 생계에 보태 쓰라고 쥐어 보냈습니다. 그 후에 그는 장사를 하며 지방을 다니면서도 신앙생활을 잘 했습니다. 그 와중에 하루는 그가 나를 찾아와서 이렇게 말했습니다.

"목사님, 다음 주간에는 제가 십 년이 넘도록 찾아뵙지 못한 부모님을 찾아가려고 해요. 그래서 제 잘못을 빌고 돈이 없어 공부를 못하는 동생을 데리고 와서 새생활을 시작하겠어요!"

어떻습니까? 이렇게 예수의 이름은 능력이 있습니다. 예수의 이름이 한 영혼을 죽음 직전에서 건져내신 것입니다. 세상에서 제멋대로 살던 사람도 그리스도를 만난 후에는 그의 인생이 완전히 반전하는 것을 볼 수 있습니다. 지난 잘못을 회개하고 남은 인생을 순간 순간 주님의 뜻에 맡기는 놀라운 기적이 일어나는 것입니다.

"우리가 살아도 주를 위하여 살고 죽어도 주를 위하여 죽나니 그러므로 사나 죽으나 우리가 주의 것이로라"(로마서 14:8).

더 이상 어리석은 삶을 살지 맙시다. 아무것도 아니면서 모든 것을 가진 것처럼 인생을 속고 살지 맙시다. 생명의 주인되신 주님 앞으로 돌아오십시오. 그리고 죄 용서함을 받고 영원히 사는 영생을 얻으십시오.

예수를 믿는다고 하면서 아직 주님 앞에 겸손히 자신의 연약함을 고백하지 못하고 세상의 낙에 취해서 한발을 세상에 걸치고 한발은 예수님에 걸치는 이중생활을 하고 있다면 세상과의 발을 떼십시오. 손넓이만 한 인생에 집착하지 마십시오.

성령께서 당신의 마음을 감동시키시고 주께로 돌아오는 은혜 주시기를 간절히 기원합니다.

복받은 큰 죄인

"예수께서 거기서 떠나 지나가시다가 마태라 하는 사람이 세관에 앉은 것을 보시고 이르시되 나를 좇으라 하시니 일어나 좇으니라. 예수께서 마태의 집에서 앉아 음식을 잡수실 때에 많은 세리와 죄인들이 와서 예수와 그 제자들과 함께 앉았더니 바리새인들이 보고 그 제자들에게 이르되 어찌하여 너희 선생은 세리와 죄인들과 함께 잡수시느냐.

예수께서 들으시고 이르시되 건강한 자에게는 의원이 쓸데 없고 병든 자에게라야 쓸데 있느니라. 너희는 가서 내가 긍휼을 원하고 제사를 원치 아니하노라 하신 뜻이 무엇인지 배우라. 내가 의인을 부르러 온 것이 아니요 죄인을 부르러 왔노라 하시니라"(마태복음 9:9-13).

　　　우리가 잘 아는 바와 같이 예수님에게는 열두 명의 제자들이 있었습니다. 그 제자들 중에서 과거에 무엇을 하던 사람인가를 정확히 알 수 있는 사람은 불과 다섯 명 정도에 지나지 않습니다. 그들을 구체적으로 밝힌다면 베드로, 안드레, 야고보, 요한은 어부 출신이었고 마태는 세리 직업을 가졌던 사람이었습니다.

　본문에 나타난대로 마태가 자신이 근무하는 세관 사무실에 앉아 있을 때였습니다. 예수님께서 그곳을 지나가시다가 마태를 보시고 "나를 좇으라."고 말씀하셨습니다. 그때 마태는 예수님의 말씀을 듣자마자 곧 바로 일어나 예수님을 따라 갔습니다.

"예수께서…이르시되 나를 좇으라 하시니 일어나 좇으니라"(마태복음 9:9).

마태는 지금 자기 자신의 이야기를 서술하고 있습니다. 이렇게 단순하게 표현된 간증문을 보신 적이 있습니까? 열두 명의 제자 중에서 예수 믿고 구원을 받은 사건을 직접 자기 입으로 간증한 사람은 마태 한 사람뿐입니다. 감정 표현이 좋고 사건 전개가 잘된 어떤 다른 간증문 못지않게 마태는 이 짧은 문장 안에서 자기의 결단을 분명하게 표현하고 있습니다.

때때로 다른 사람의 간증을 들을 때 어떤 느낌을 받습니까? 감정은 뜨거운 것처럼 보이나 행동이 애매하게 느껴지는 사람이 있을 것입니다. 반면에 감정은 냉정한 것처럼 보이나 변화된 삶의 모습이 분명히 드러나는 사람이 있습니다. 바로 마태와 같은 사람입니다. 이런 사람이 우리에게 더 큰 감동을 안겨준다는 사실은 분명합니다.

예수님의 제자가 된 세리

마태가 구원받고 예수님의 제자가 된 사실은 그 당시에 매우 충격적인 사건이었습니다. 요한복음을 제외한 다른 복음서 저자들이 그 사건을 빼놓지 않고 밝히고 있는 것을 보아도 잘 알 수 있습니다. 그럴 수밖에 없는 것이 당시의 사회제도에 비추어 볼 때 세리가 예수님의 제자가 된다는 것은 일반적인 상식으로는 도저히 용납할 수 없는 일이었기 때문입니다. 예를 들어 예수님의 제자 중에 극단적인 민족주의자였던 시몬과 같은 사람은 세리의 그림자만 보아도 침을 뱉을 정도로 세리를 증오의 대상으로 여겼습니다.

그러나 예수님께서는 세리에 대한 세인의 모든 고정관념을 깨뜨리시고 마태를 그의 제자로 부르셨습니다. 그 당시 마태가 살던 사회에서 세리와 죄인과 창기는 전혀 인간 대우를 받지 못하는 천민 계급에 속하였습니다. 보통사람들도 이들과는 상종을 하지 않았습니다. 그러므로 그들은 다른 계층과 격리된 채 자기네들끼리 모여 살지 않으면 안 되었습니다.

이렇게 천대 받는 세리에게도 한 가지 특혜는 있었습니다. 법의 보호를 받으며, 다른 사람들에 비해서 보다 쉬운 방법으로 많은 돈을 벌 수 있다는 것이었습니다.

마태가 어떻게 해서 세리가 되었는지 우리는 정확히 알 수 없습니다. 그러나 상상할 수는 있을 것 같습니다. 그는 당시 사회에서 만연하고 있던 금전 만능주의에 흠뻑 젖어 있었던 사람임에 틀림 없습니다. "돈만 있으면 인생을 최고로 멋지게 살 수 있어. 어떤 수단과 방법을 써서라도 돈을 벌어 보자."라는 사고방식을 가진 사람이라면 자기의 목적 달성을 위해 세리직을 택하는 것이 가장 빠른 지름길이었습니다. 그 당시의 세리들은 법의 묵인 아래 많은 백성들의 재산을 착취하였고 또 그 돈으로 고리대금을 놓아 재산을 불리는 데 혈안이 된 사람들이었습니다.

이처럼 사람이 돈에 눈이 어두워지면 가문이나 민족도 보이지 않나 봅니다. 명예니 체면이니 하는 따위는 그들에게 아마 약자의 잠꼬대처럼 들렸을지도 모릅니다. 또 한편으로는 '몇 년만 얼굴에 철판을 깔고 돈을 모으자. 그래서 한 밑천 두둑히 잡아서 로마로 이주해 여생을 보내면 좋겠지. 그때 가서 다른 사람에게 돈으로 선심을 좀 베풀면 양심의 가책 따위는 사라져 버릴 거야. 그러면 도리어 다른 사람들이 나를 존경하게 될지도 몰라…' 이와 같은 음흉한 생각이 마음 한구석에 도사리고 있었을지도 모릅니다.

우리 나라에서도 이런 생각을 가진 꼴불견의 사람들이 가끔 신문 지상에 등장하는 것을 보게 됩니다. 자기 공장의 공원들의 임금을 착취하여 외국으로 빼돌리고 그 나라에 가서 그럴 듯하게 사는 사람이 있습니다. 몰염치한 이들의 소행을 우리 사회가 간과해서는 안 될 것입니다. 부정한 돈으로 인생의 행복을 구가하려는 이 어리석은 사람들이 이땅에 발 붙이지 못하도록 반드시 그들을 깨우쳐야 할 것입니다.

마태가 이처럼 위험한 생각을 갖게 된 것이 무식했기 때문일까요? 절대로 그렇지 않습니다. 자기 백성을 착취해서 정복자의 손에 바치는 매국노치고 무식한 사람은 거의 없었습니다. 그는 마태복음을 기록할 정도의 지식인이었습니다. 성경 학자들은 마태를 예수님의 제자들 가운데 가장 유식했던 인물로 평가할 정도입니다.

신앙과 바꾼 때묻은 돈

여기에서 한 가지 명심할 것이 있습니다. 마태가 돈을 얻기 위해서는 가중 중요한 것들을 잃어 버리지 않으면 안 되었다는 사실입니다.

에머슨은 돈에 혈안이 된 사람을 위해서 이러한 말을 했습니다. "돈이 지닌 가장 나쁜 점은 종종 그것을 위해 너무 큰 대가를 치루어야 한다는 것이다."

마태는 부자가 되어 평안히 살고자 그의 명예도 버려야 했고 자기 민족에게 등을 돌리는 사람이 되어야 했습니다. 그러나 우리가 관심을 가져야 할 것은 여기에 있지 않습니다. 마태가 더 중요한 것을 버렸다는 데 있습니다. 그것은 그의 신앙이었습니다.

'마태'는 본명이 아닙니다. 그는 마가복음 2장 14절에 보면 '알패오의 아들 레위'라고 하여 그의 본명이 '레위'라는 것을 말해 주고 있습니다. 그의 이름을 보아 그의 가문은 유대 지파 가운데서 가장 거룩한 레위지파에 속했던 것이 틀림 없습니다. 다시 말해서 그는 제사장 가문에서 태어난 사람이었거나 아니면 성전에서 제사장을 도와 일하는 성직자 집안 출신이었을 것입니다. 그렇다면 그는 다른 어느 가정의 자녀들보다 엄격한 신앙훈련을 받으며 자랐다고 볼 수 있습니다.

"그때에 여호와께서 레위 지파를 구별하여 여호와의 언약궤를 메이며 여호와 앞에 서서 그를 섬기며 또 여호와의 이름으로 축복하게 하셨고 그 일은 오늘까지 이르느니라"(신명기 10:8).

이와 같이 하나님의 선택을 받은 레위 지파의 사람들은 자신의 가문에 대한 긍지가 대단했습니다. 그들은 그러한 표징으로 항상 빨간 수건을 몸에 지니고 다녔습니다. 또 이스라엘의 마지막 보루의 역할을 감당하는 애국자로서 국가관도 투철했습니다. 이러한 가문에서 신앙교육을 받은 마태가 세리직을 택하였다는 것은 대단한 탈선이 아닐 수 없었습니다. 따라서 그가 얼마나 금전에 눈에 어두웠는가를 우리는 쉽게 짐작할 수 있습니다.

마태는 돈을 얻기 위해 신앙을 버린 사람이었습니다. 돈과 하나님을 바꾼 사람이었습니다. 돈 때문에 신앙을 팔아 먹은 큰 죄인이었습니다. 가정을 버리고 민족을 배신하여 착취하는 행위도 큰 죄이지만 하나님을 버리고 세상으로 가는 것은 더욱 큰 죄입니다.

성경에서도 타락의 죄는 중죄로 다루고 있습니다. 그것은 구약에서는 음행하는 음녀로 비유되고 있으며, 신약에서는 예수를 두 번 십자가에 못박는 행위로 표현되고 있습니다.

또한 마태는 신앙을 버림과 동시에 양심을 버린 죄인이었습니다. 신앙과 양심은 항상 상관 관계를 가지고 있습니다. 양심이 병들면 믿음이 파산합니다. 믿음을 버리면 양심은 그 기능을 상실합니다. 가난한 자들의 얼굴을 맷돌로 갈아도 아픔을 느끼지 않고, 빚진 자들의 마지막 피 한 방울까지 짜내는 철면피였던 그는 이미 양심이 죽은 사람이었습니다.

예수님이 찾아 가시다

예수님은 마태를 회당이나 그가 말씀을 전하던 갈릴리 바닷가에서 만난 것이 아니었습니다. 예수님은 마태가 일하고 있는 세관으로 찾아 가셨습니다. 여기에서 우리가 주목할 것이 있습니다. 예수님이 마태를 만난 곳이 회당이나 갈릴리 바닷가가 아니라 바로 마태가 죄를 짓고 있던 범죄 현장이었다는 사실입니다.

마태는 당시 상황을 회상하면서 매우 솔직하게 "세관에 앉아 있었다."고 했습니다. 그처럼 간결한 고백문 속에서도 이토록 자세히 묘사된 이 표현은 매우 흥미롭습니다. '앉아 있었다' 라는 의미는 '근무 중이었다' 라고 볼 수 있습니다. 우리는 이 표현에서 세리 마태가 얼마나 죄 속에 깊이 파묻혀 있었던가를 쉽게 알 수 있습니다.

분명히 마태는 그 자리에서 하나님을 생각하고 있지는 않았을 것입니다. 마찬가지로 자신의 구원을 걱정하고 있었을 리도 만무한 일입니다. 그날도 '어떻게 하면 한푼이라도 이득을 볼까' 하는 생각에만 사로잡혀 있었을 것입니다. 바로 그때 예수님이 찾아오셨습니다. 범죄의 현장을 주님이 찾으신 것입니다.

당신은 어떻습니까?

아직도 청산하지 못한 부끄러운 생활 속에 푹 젖어 있지는 않습니까? 그렇다면 당신의 마음 문을 열고 귀를 기울이십시오. 당신이 마태처럼 예수님에 대해 아무 생각을 안 했을지라도 주님은 언제나 당신을 간절히 부르고 계십니다.

예수님의 관심사

"마태라는 사람이 세관에 앉은 것을 보시고"(마태복음 9:9).

이 말씀에서 알 수 있듯이 예수님이 세관에 오셔서 찾은 것은 마태라는 사람이었습니다. 주님의 관심사는 그의 직업이 아니었습니다. 그가 들고 있던 서류의 내용도 아니었습니다. 또한 냄새나는 그의 더러운 과거도 아니고 그가 얼마나 큰 죄를 지었는가를 알아 보시려는 것도 아니었습니다. 단지 마태라는 그 사람 자체가 예수님의 관심사 전부였습니다.

주님이 보시기에 마태는 병자였습니다. 구원자이시고 만병의 의사이신 예수님이 필요한 사람이었습니다. 다시 말해서 구원자가 필요한 죄인이었습니다. 가버나움에 있는 수많은 사람들 가운데서 그는 시급히 만나 주어야 할 병자였습니다. 만병을 치료하시는 의사이신 예수님이 절대적으로 필요한 영적인 환자였던 것입니다.

그에게 있어서 죄인이라는 것은 다른 의미가 아닙니다. 예수님을 필요로 하는 사람이라는 것 뿐입니다.

예수님께서 이렇게 말씀하셨습니다.

"내가 의인을 부르러 온 것이 아니요, 죄인을 부르러 왔노라 하시니라"(마가복음 2:17).

예수님께서 늘 관심을 가지는 대상은 우리 자신이지 그 외에는 아무것도 없습니다. 우리가 과거에 범했던 죄는 그에게 더 이상의 의미가 없습니다. 이미 십자가 아래에 다 묻어버리셨기 때문입니다.

당신은 아직 예수님을 구원자로 받아 들이지 않고 있습니까? 그렇다면 주님은 당신의 다른 것을 보시지 않습니다. 예수님을 필요로 하는 사람으로만 보고 계십니다. 그런 의미에서 당신은 죄인입니다. 두려워하지 말고 주저하지 마십시오. 당신의 마음을 예수님께 활짝 여십시오. 마태와 같이 당신은 그분의 손에 의해서 다시 태어나는 사람이 될 것입니다.

예수님이 마태를 찾아오시던 그 시간에 마태는 놀랍게도 준비가 되어 있었다는 것을 알 수 있었습니다. 예수님께서 "나를 좇으라."는 말씀을 하시자마자 그는 지체하지 않고 그 자리에서 벌떡 일어났습니다. 세관에 앉아 있는 마태를 보고 예수님이 오셔서 한 마디만 하면 금방 일어날 사람이라고 누가 상상이나 했겠습니까? 죄에 깊이 빠져있는 그를 보고 그렇게 생각할 사람은 아무도 없었을 것입니다.

그러나 예수님은 너무나 정확하게 아셨습니다. 가장 정확하게 타이밍을 맞추셨습니다. 예수님이 보시기에 마태는 이미 익을 대로 익은 포도송이였습니다. 따기만 하면 되었습니다. 그렇기 때문에 "나를 좇으라." 하는 예수님의 음성을 듣자마자 그는 자리에서 벌떡 일어났습니다.

"나를 좇으라." 하는 예수님의 말씀 안에는 모든 것을 다 버리라는 뜻이 들어 있었습니다. 예수님의 말씀대로 마태는 자기의 모든 것을 다 버렸습니다. 어디에서 그런 힘이 생겼는지 마태는 오직 예수 그리스도만을 따르는 새사람으로 변화되었습니다.

주님의 음성을 들은 사람

예수님의 음성을 듣자마자 그에게는 놀라운 변화가 일어났습니다. 그때까지 그의 마음을 얽어매고 있던 돈의 쇠사슬이 순식간에 끊어졌습니다. 드디어 그는 돈으로부터 자유를 얻었습니다. 또 마태의 눈을 어둡게 덮고 있던 탐욕의 비늘이 떨어져 내렸습니다. 드디어 영광의 주님을 올려다 볼 수 있는 광채가 그를 환하게 사로잡았습니다. 이제 마태는 돈도, 명예도, 젊음의 욕망도, 세상의 그 어떤 것에도 얽매이지 않는 자유인이 되었습니다.

마태가 어디에서 그런 힘을 얻을 수 있었습니까? 바로 예수 그리스도의 음성을 그가 들었기 때문입니다. 예수님의 음성은 얼마나 힘이 있습니까? 죽은 나사로를 주님이 불렀을 때 죽었던 자가 벌떡 일어날 정도로 주님의 음성은 힘이 있습니다. 주님의 음성을 듣고서 그 자리에 주저앉아 있을 사람은 아무도 없을 것입니다.

제가 주님의 음성을 듣던 날은 해방의 날이었습니다. 주의 음성을 듣자마자 내 마음을 억누르고 있던 모든 무거운 짐이 한 순간에 풀어졌습니다. 전에 가졌던 애착, 욕망, 아집이 나도 모르게 내 안에서 사라져 버렸습니다. 나도 모르게 예수 그리스도만을 사랑하고 따를 수 있는 새사람이 되었습니다. 이제는 예수님보다 나에게 더 중요한 분이 없습니다. 주님이 처자보다 더 중요했습니다. 주님이 내 생명보다 더 중요하게 되었습니다. 예수님 때문에 내 자신이 존재하는 것이지 예수를 떠나면 나에게 아무것도 남는 것이 없습니다. 예수의 음성을 듣던 날 저는 이렇게 바뀌었습니다.

빌리 그레이엄은 주님의 음성을 들은 그 다음 날, 하늘의 색깔

이 달라진 것을 보았습니다. 제가 가르치던 많은 젊은이들 그들도 주님의 음성을 듣고 모든 것이 변했습니다. 자유인이 되었습니다.

저의 이야기가 이상하게 들립니까? 만약에 그렇다면 당신은 아직도 예수님의 음성을 듣지 못한 분인 것 같습니다. 아직도 마태처럼 세관에 앉아 있는지도 모릅니다. 예수님의 음성을 진실로 듣게 되면 당신은 가만히 앉아 있지 못합니다. 예수님의 음성을 듣고 죽은 시체가 일어났습니다. 나중에 천사장의 나팔소리와 함께 주님이 오셔서 우리의 이름을 부를 때 우리가 그 자리에서 일어날 것입니다. 이 얼마나 능력있는 음성입니까? 그런데 그 음성을 듣고도 아직도 세관에 앉아 계실 수 있겠습니까? 아직도 돈이 최고라고, 아직도 예수님보다 더 귀한 것이 당신의 마음에 뿌리를 두고 있다고 말하시겠습니까? 그렇다면 당신은 아직 주님의 음성을 듣지 못한 분입니다.

그러나 낙심하지 마십시오. 주님이 보실 때 가장 적절하다고 생각하시는 그 순간에 주님이 반드시 당신의 마음에 찾아오실 것입니다. "나를 좇으라."고 말씀하시는 그 음성이 들리면 자신도 모르게 벌떡 일어날 것입니다. 일어나면서 지금까지 당신을 사로잡고 있던 것이 다 떨어져 나가는 것을 체험하게 될 것입니다. 주님은 무르익은 과실을 그냥 두고 지나가시는 법이 없습니다. 그 타이밍은 주님이 맞추십니다. 그날이 반드시 옵니다.

우리가 하나님 나라에 들어가고 영광스러운 주님의 자녀가 되려면 반드시 "나를 좇으라."는 주님의 음성을 들어야 합니다. 그리고 벌떡 일어나야 됩니다. 그 순간 우리는 구원받은 놀라운 기쁨을 누리게 됩니다.

마태는 예수 믿은 후 얼마나 마음이 기뻤던지 자기 집에서 잔치를 베풀었습니다. 누가복음에 보면 마태가 동고동락하던 세리들과 죄인들을 불러 모아서 자신이 예수 믿고 변화된 것을 축하하는 잔치를 베푼 사실이 나옵니다. 그의 잔치는 얼마나 기가 막힌 의미를 지닌 잔치였는지 모릅니다. 아마 그는 속으로 이렇게 말했을 것입니다.

'나는 얼마나 행복한 사람이 되었는지 몰라. 예수님 때문에. 나를 이렇게 새사람으로 만들고 모든 물욕에서 해방시켜 주신 예수님을 보라. 잔치에 참석한 형제여. 나의 이 모습을 축하해 다오.'

마태: 하나님의 은혜

마태와 같은 큰 죄인이 하나님의 은혜를 받아 새사람이 되고 예수의 제자가 되었습니다. 그래서 '마태'라는 이름의 뜻은 '하나님의 은혜'라는 말입니다. 아마 예수님이 그렇게 지어주셨나 봅니다. 하나님의 은혜로 이 큰 죄인이 구원받은 것입니다. 그래서 마태는 일생 동안 자기 이름을 기록할 때 '마태'라는 이름 앞에 꼭 '세리'라는 단어를 붙였습니다. 왜 그랬을까요? 죄인 중의 큰 죄인인 세리가 마태가 되었다는 뜻으로 그는 '세리'라는 단어를 붙였습니다. '하나님의 은혜를 받은 사람이 되었습니다.'라는 것을 일생 동안 잊지 않기 위해서 그는 '세리'라는 단어를 붙였습니다. 얼마나 감격스러운 이야기입니까?

마태와 유사한 예로 존 뉴턴의 이야기를 들어 보십시오. 그는 한때 포악한 노예 상인이었으며 이름난 탕자였습니다. 그러한 그가 예수 믿고 변화받아 목사가 된 후 40여 년 동안 주님의 일을 했습니다. 하지만 존 뉴턴의 마음 속에는 언제나 두려움이 있었습니다. "아무리 주님이 나의 죄를 다 용서하셨다고 하지만 나 같은 노예 상인을 용서하셨을까? 정말로 나 같은 탕아를 용서하셨을까?" 하고 문득 문득 과거의 죄가 떠오를 때에는 온 몸에 소름이 돋고 두려움에 마음이 떨렸습니다. 그럴 때마다 그는 벽에 이사야 43장 4절 말씀을 써 붙여 놓고 그 말씀을 되뇌이며 위로를 받았습니다.

"내가 너를 보배롭고 존귀하게 여기고 너를 사랑하였노라."

그는 일생 동안 구원받고 용서받은 것을 잊지 않으려고 이 말씀을 의지했습니다. 그리고 82세에 숨을 거두면서 다음과 같은 유명한 말을 남겼습니다.

"나는 지금 하나님 나라로 간다. 그러나 내가 하나님 나라로 가면 아마 세 번 놀랄 것이다. 처음엔 하나님 나라에 오리라고 전혀 기대하지 않던 사람들이 와 있는 것을 보고 놀랄 것이고, 두 번째는 하나님 나라에 가면 반드시 만나리라 기대했던 사람이 안 보이는 것을 보고 놀랄 것이고, 세 번째는 노예 상인인 내가 그 자리에 와 있다는 것을 보고 놀랄 것이다."

세리가 마태가 된 것은 너무나 놀라운 하나님의 은혜입니다. 그 놀라운 사랑을 한번 생각해 보세요. 우리는 마태보다 더 큰 죄인이 아니라 할지라도 우리 모두는 적어도 마태와 꼭 같은 죄인입니다. 얼마나 주의 사랑이 넓고 큽니까? 우리도 변화받은 마태처럼 겸손히 '세리' 즉 '죄인' 임을 고백해야 합니다.

그리고 구주를 모시고 어디를 가든지 내 이름은 마태라고 소개합시다. 하나님의 은혜로 다시 태어난 마태라고 말합시다. 마태처럼 일생 동안 하나님의 은혜에 감격하는 사람이 됩시다. 진실로 마태는 복받은 큰 죄인이었습니다!

문 밖에서 기다리시는 하나님

"또 가라사대 어떤 사람이 두 아들이 있는데 그 둘째가 아비에게 말하되 아버지여 재산 중에서 내게 돌아올 분깃을 내게 주소서 하는지라. 아비가 그 살림을 각각 나눠 주었더니 그 후 며칠이 못되어 둘째 아들이 재물을 다 모아 가지고 먼 나라에 가 거기서 허랑방탕하여 그 재산을 허비하더니 다 없이한 후 그 나라에 크게 흉년이 들어 저가 비로소 궁핍한지라.

가서 그 나라 백성 중 하나에게 붙여 사니 그가 저를 들로 보내어 돼지를 치게 하였는데 저가 돼지 먹는 쥐엄 열매로 배를 채우고자 하되 주는 자가 없는지라. 이에 스스로 돌이켜 가로되 내 아버지에게는 양식이 풍족한 품꾼이 얼마나 많은고 나는 여기서 주려 죽는구나.

내가 일어나 아버지께 가서 이르기를 아버지여 내가 하늘과 아버지께 죄를 얻었사오니 지금부터는 아버지의 아들이라 일컬음을 감당치 못하겠나이다. 나를 품꾼의 하나로 보소서 하리라 하고 이에 일어나서 아버지께로 돌아가니라.

아직도 상거가 먼데 아버지가 저를 보고 측은히 여겨 달려가 목을 안고 입을 맞추니 아들이 가로되 아버지여 내가 하늘과 아버지께 죄를 얻었사오니 지금부터는 아버지의 아들이라 일컬음을 감당치 못하겠나이다 하나 아버지는 종들에게 이르되 제일 좋은 옷을 내어다가 입히고 손에 가락지를 끼우고 발에 신을 신기라. 그리고 살찐 송아지를 끌어다가 잡으라. 우리가 먹고 즐기자. 이 내 아들은 죽었다가 다시 살아 났으며 내가 잃었다가 다시 얻었노라 하니 저희가 즐거워하더라"(누가복음 15:11~24).

아버지의 피땀어린 재산을 창녀와 놀아나면서 다 탕진하고 돼지를 치는 남의 집 품꾼으로까지 전락하였다가 끝내는 견디지 못하고 돌아온 자식이 있습니다. 이런 경우 당신은 어떻게 하시겠습니까?

여기에 보통 사람으로서는 도저히 상상할 수 없는 크고 깊은 사랑을 가진 아버지가 계십니다. 그 아버지는 폐인이 되어서 돌아온 둘째 아들을 박대하지 않았습니다. 오히려 측은히 여겨 달려나가 목을 안고 입을 맞추며 기쁨에 겨워 어찌할 바를 몰랐습니다. 만신창이가 된 아들을 집안으로 데리고 들어가서 고운 옷을 입히고 가락지를 끼우며 살찐 송아지를 잡아 잔치를 베풀었습니다. 아버지가 왜 그렇게 했을까요? 잃어버린 줄만 알았던 아들을 다시 얻었기 때문입니다. 죽은 줄만 알았던 아들이 다시 살아왔기 때문입니다.

이 아버지가 바로 하나님이십니다.

잃어 버린 아들

흔히들 이 대목을 가리켜 예수님의 '탕자' 비유라고 하는데 사실 성경 어디에서도 하나님이 '탕자'라고 표현하신 적이 없습니다. 설교자들이나 성경 해석자들이 '탕자'라는 말을 붙였지 하나님은 아들에게 이 말을 붙이지 않았습니다. 예수님이 세상에 계실 때 자기 앞에 와서 고개를 숙이는 수많은 사람들—세상에서 괄시당하고 천대받던 그들을 향해 '죄인'이라는 말을 하지 않으셨습니다. 하나님은 예수를 믿지 않고 사는 모든 인간을 향해 '죄인'이라고 말씀하시기보다는 '죽은 자'라고 말씀하시고, '탕자'라고 말씀하시기보다는 '잃어 버린 자'라고 말씀하십니다. 그러므로 '잃어 버린 자'라는 이 말은 아들 편에서 붙인 이름이 아니고 아버지 편에서 붙인 이름이라 할 수 있습니다.

자식을 잃어 버린 경험이 있습니까? 길을 잃고 돌아다니는 아들보다 집안에 있는 아버지의 마음이 더 애가 탄다는 것을 우리는 잘 알고 있습니다. 잠을 자지 못하고 고통하는 사람은 자식 쪽보다는 아버지 쪽입니다. 그래서 잃어 버렸다가 돌아왔다는 것은 아버지의 심정을 말하는 것이요, 죽은 줄 알았던 아들이 돌아왔다는 것 또한 아버지의 심정을 나타내는 말입니다.

그렇다면 성경 본문에 나오는 '잃어 버린 아들'은 누구를 가리키는 말입니까? 아마 교회 밖에 있는 모든 사람을 말할 것입니다. 또한 교회 안에도 분명히 하나님 편에서 볼 때는 죽은 자요, 잃어 버린 자식으로 보이는 사람도 있을 수 있습니다.

한 가지 기억할 사실은 이 세상 사람 전부가 하나님의 아들은 아니라는 것입니다. 죄 속에 빠진 타락한 사람이긴 마찬가지이지만 전부 아들은 아닙니다. 교회 근처에 살면서 새벽부터 밤 늦게까지 찬송과 기도 소리를 듣고, 수없이 전도를 받으면서도 끝내 예수 믿지 않은 채 임종을 맞이하는 사람들을 가끔 보게 됩니다. 그들은 하나님의 아들이라고 할 수 없습니다. 왜 그렇습니까? 죽는 순간까지 예수 믿지 않았다는 사실은 하나님의 아들이 아니라는 증거입니다.

하나님 아들에 속하는 사람들은 그 숫자가 한정되어 있습니다. 그 숫자가 얼마나 되는지 아무도 모릅니다. 우리가 세상 속에서 누가 하나님의 아들인지 아닌지 아무도 구별할 수는 없습니다. 그러므로 우리가 전도를 할 때 모든 사람을 다 하나님의 아들로 보고 전도해야 합니다. 오직 하나님만이 그 수를 알고 계시기 때문입니다. 혹시라도 우리가 전도할 때에 인간의 안목으로 하나님의 아들이냐 아니냐를 판단하려 드는 과오를 절대로 범해서는 안 될 것입니다.

애타게 기다리는 아버지

예수님은 하나님을 애타게 기다리시는 아버지로 가르쳐 주셨습니다.

아들이 아버지를 떠났을 때에 아버지는 이미 아들의 앞날을 꿰뚫어 보고 계셨습니다. '저 녀석이 지금은 재산을 가지고 나가지만 성격으로 보나 지금까지 살아온 버릇으로 보나 필경 실패하여 궁지에 몰려서 다시 돌아올 것이다.' 하고 이미 앞날을 내다보고 계셨습니다. 자식은 아버지가 가장 잘 압니다. 그 때문에 아버지는 자신도 모르는 습관이 하나 생겼습니다. 대문을 드나들 때마다 버릇처럼 마을 입구의 모퉁이 길을 유심히 살펴보는 일이 바로 그것입니다. 유대나라는 지붕이 옥상처럼 걸어다닐 수 있게 지어져 있었기 때문에 아버지는 그 지붕에 올라가서 행여나 자기 아들이 돌아오는가 하고 버릇처럼 살폈을 것입니다.

"아직도 상거(相距)가 먼데 아버지가 저를 보고 측은히 여겨 달려가"(20절).

아들이 집을 나갈 때와는 달리 거지꼴이 되어 돌아오는데도 아버지는 먼 곳에서 한눈에 알아보고 달려 나갔습니다. 아버지는 아들을 우연히 쳐다본 것이 아닙니다. 그 동안 밤낮없이 아들을 애타게 기다렸기 때문에 먼 발치의 희미한 모습을 보고도 자신의 아들임을 알아볼 수 있었습니다. 이것이 바로 지금도 우리를 기다리시는 하나님의 모습입니다.

우리 하나님은 지금도 애타게 기다리고 계십니다. 요한계시록에서는 한없는 인내로 우리를 기다리시는 하나님을 잘 말씀해주고 있습니다. 과거에 공산당이나 여러 부류의 핍박자들에게 순교를 당한 성도들이 "아버지 하나님! 이제는 우리의 원수를 갚아 주십시오. 언제까지 이땅에 저 악한 무리들을 그대로 내버려 두시렵니까?" 하고 탄식하면서 기도하는데 하나님께서는 "조금만 더 참아라. 집으로 돌아와야 할 아들들이 아직도 남아 있어. 그 아들들이 돌아올 때까지 조금만 더 참으라."고 말씀하고 계시는 것입니다.

현재 지구의 모습은 자연과 인간의 죄로 오염되고 부패하여 마치 바람 빠진 공처럼 쓸모없이 변해가고 있습니다. 루터는 "내가 만약 하나님이라면 이 지구덩이를 오른 발로 당장 차 버리겠다."고 했습니다. 하나님께서 이 지구를 심판하시겠다고 작정하신다면 한 시간도 참지 않고 아마 발로 차 버릴 것입니다. 그만큼 지구는 절망적인 상황에 빠져 있습니다. 그럼에도 불구하고 하나님이 왜 이 지구를 그대로 남겨 놓으시며, 왜 이 역사를 그대로 유지하고 계실까요? 그것은 돌아와야 할 아들들이 아직도 많기 때문입니다. 하나님은 그 아들들이 돌아오기만을 간절히 기다리며 참고 계십니다.

만약 우리가 웨슬리처럼 자녀를 스물넷을 두었다고 합시다. 밤이 되어 잠을 자려고 할 때 스물 셋만 있고 한 사람이 보이지 않는다면 어떻게 하겠습니까? 스물세 명이 있으니까 안심하고 불을 끄고 잘 수 있겠습니까? 돌아오지 않는 한 아들 때문에 방에 불을 끄지 못합니다. 대문을 잠그지 못합니다. 나중에는 그를 찾으러 초롱불을 들고 이슬 맞도록 헤맬 것입니다.

하나님의 심정도 마찬가지입니다. 아직도 돌아와야 할 자녀가 있다고 하십니다. 그 자녀들 중에 바로 내 자신이, 내 부모가, 내 남편이, 내 아내가, 내 자식이 끼여 있는지 모릅니다. 애타게 기다리시는 아버지의 심정을 헤아려 보십시오! 반드시 아버지의 품으로 돌아와야 합니다. 이미 아버지의 품으로 돌아온 사람들은 애타게 기다리시는 아버지의 심정으로 이웃에게 열심히 복음을 전해야 할 것입니다.

주저하지 않고 받으시는 아버지

예수님은 하나님을 주저하지 않고 받아 주시는 아버지로 우리에게 가르쳐 주고 계십니다.

"이에 일어나서 아버지께로 돌아가니라. 아직도 상거가 먼데 아버지가 저를 보고 측은히 여겨 달려가 목을 안고 입을 맞추니"(20절).

아버지가 아들을 본 순간 달려갔습니다. 그리고는 끌어안고 입을 맞추었습니다. 보고, 달려가고, 끌어안고, 입을 맞추는 이 네 가지의 행동이 순식간에 일어난 일입니다. 도무지 지체됨이 없습니다. 우리 오관 가운데서 가장 빠른 것이 시각입니다. 즉 보는 것입니다. 아버지는 아들을 눈으로 보자마자 온 몸에 날개를 단 것처럼 아들에게로 날아갔습니다. 또 아버지는 악취 풍기는 아들의 몸을 끌어 안았습니다. 사랑은 코를 막히게 하나 봅니다. 남의 집 품꾼으로, 돼지와 함께 살다시피 한 아들에게서 나는 악취가 얼마나 코를 찔렀을까요? 그러나 아버지는 개의치 않고 아들을 품에 안고 입을 맞추었습니다.

"야, 이놈아! 너 어디서 뭘하고 이제 돌아오니? 네 꼴이 그게 뭐냐?"하고 나무랄 법도 한데 한 마디 말이 없었습니다. 눈물을 글썽이며 끌어안는 것으로 모든 말을 대신했습니다. 아들이 부끄러워 하는 줄 아시고, 슬퍼하고 뉘우치는 줄 이미 다 아시고 한 마디도 묻지 않으셨습니다.

"아버지여 내가 하늘과 아버지께 죄를 얻었사오니 지금부터는 아버지의 아들이라 일컬음을 감당치 못하겠나이다"(21절).

아들이 자기의 자격 없음을 고백하고 그저 집안의 품꾼으로라도 써 달라고 간청하지만 아버지는 그 아들을 끌다시피 집안에 데리고 갔습니다.

"아버지는 종들에게 이르되 제일 좋은 옷을 내어다가 입히고 손에 가락지를 끼우고 발에 신을 신기라"(22절).

아버지는 아들에게 고운 옷을 갈아 입히고 금 가락지를 끼워 주었습니다. 새옷을 입히는 것은 그의 모든 죄를 깨끗이 용서한다는 뜻이고 금 가락지를 끼워주는 것은 아들의 권위를 회복시켜 준다는 의미가 있습니다. 또 신을 신기는 것은 자기의 자식이라는 것을 완전히 표현하는 것입니다.

아들을 본 순간부터 지체하지 아니하고 순식간에 아들의 신분을 원상복구시켜 주신 아버지! 당신은 이 아버지를 아십니까?

'하자마자'의 은혜

저는 하나님이 주시는 은혜를 일컬어서 '하자마자'의 은혜라고 표현하기를 좋아합니다. 우리가 교회에 나오자마자, 우리가 죄를 고백하고 회개하자마자, 예수님을 "주여!"라고 부르자마자 주님은 은혜를 내려 주시는 분입니다. 혹시나 당신의 남편이 별로 관심도 없이 "전도 집회라지? 나도 한 번 가 볼까?" 하고 은근히 거드름을 피우며 갈 것 같지도 않은 태도로 말해도 부인은 그것을 무심히 넘겨서는 안 됩니다. 마음 속에 은근히 "가 볼까?"

하는 그것만으로도 하나님의 눈이 번쩍 뜨인다는 것을 알아야 합니다. 하나님은 지체하시지 않습니다. 그 사람에게 성령을 보내어 하나님께로 돌아오도록 그의 마음을 두드리십니다.

필리핀에서 사업하는 남편을 따라 그곳에서 살았다는 어떤 자매가 하루는 전화를 걸어 왔습니다. 그는 지금껏 불교를 열심히 믿어 왔는데 마음에 평안이 없고, 남편이 사업을 잘 이끌어 가다가도 막바지에 가서는 크게 손해를 보는 경우가 한두 번이 아니라고 하소연했습니다. 그리고 지금도 사업의 실패로 인해 방황하며 고통하고 있다고 말했습니다. 그런데 전도를 받고 용기를 내어 상담을 청해 온 것입니다. "도대체 마음의 갈피를 잡지 못하겠으니 어떻게 하면 좋겠어요? 목사님!" 이렇게 말하는 그 자매는 심한 허탈감에 사로잡혀 있었습니다.

그 자매가 목사에게 전화할 마음이 생겼다는 것은 우연이 아닙니다. 하나님께서 성령을 보내셔서 그의 마음을 강하게 두드린 것입니다. 벌써 그런 마음이 생겼을 때 하나님은 대문 밖에서 그를 발견하셨던 것입니다. 하나님은 분명히 달려가셔서 그를 기뻐 반기시며 끌어 안으셨을 것입니다. 그리고 은혜를 풍성히 내려 그의 공허한 마음을 가득 채워 주셨을 것입니다. 이 하나님을 우리가 마음 속에 다시 한 번 확인해야 할 것입니다.

하나님은 "네가 신앙생활을 얼마나 잘 하는가를 본 후 구원을 시켜주마."라고 하시는 분이 아닙니다. 믿자마자 하나님은 믿음으로 의롭다함을 선물로 주셨습니다. "얼마만큼 행실을 고치는지 보고 용서해 주겠다."고 조건부로 용서하시는 분도 아닙니다. 죄 지은 내용을 부끄러워 미처 내 놓지도 못하고 그저 "잘못했어요"만 연발하고 괴로워할 때 하나님은 이미 다 용서하시고 새옷을 입혀 주셨습니다. 우리가 아버지라고 부르는 하나님은 바로 이런 분이십니다.

"만일 우리가 우리 죄를 자백하면 저는 미쁘시고 의로우사 우리 죄를 사하시며 모든 불의에서 우리를 깨끗케 하실 것이요"(요한일서 1:9).

우리 인간은 사람을 차별하여 보는 속성을 가지고 있습니다. 인품이나 가문, 지식의 정도를 따져보는 나쁜 습관이 있습니다. 그리하여 "저 사람은 세상적으로도 훌륭하고 인품도 좋으니까 아마 예수를 잘 믿을 거야."라고 생각하고 그 사람에게 전도하려고 합니다. 그러나 어떤 사람에게는 "이 사람은 성격도 강퍅하고 행동거지도 좀 좋지 않으니까 아마 믿지 않으려고 할꺼야." 하며 나름대로 판단하고 아예 전도할 생각조차 하지 않습니다. 그런데 그 사람이 누구의 전도를 받았는지 예수를 믿고 변화받아 새 사람이 되어 있는 것을 보게 됩니다. 하나님은 절대로 사람을 차별하지 않습니다. 과거를 묻지 않습니다.

"유대인이나 헬라인이나 차별이 없음이라. 한 주께서 모든 사람의 주가 되사 저를 부르는 모든 사람에게 부요하시도다"(로마서 10:12).

기쁨에 겨워하시는 아버지

예수님은 하나님을 너무 기뻐서 어찌할 바를 모르는 아버지로 우리에게 가르쳐 주고 계십니다.

아버지는 둘째 아들이 돌아오자 너무 좋아서 어찌할 바를 몰랐습니다. '어찌할 바를 모른다'는 표현 속에는 기쁨으로 마음이 몹시 흥분했다는 뜻이 담겨 있습니다. 그것은 온 동네가 떠들썩할 정도로 잔치를 하면서도 들에 있는 큰 아들을 불러올 생각을 하지 못했다는 것만 보아도 알 수 있습니다. 아버지는 둘째 아들이 죽은 줄만 알았는데 살아 왔으니 너무 기뻐서 "소 잡아라! 북쳐라! 장구쳐라!"라고 외치느라 들판에 있는 큰 아들은 잊어버렸습니다. 이 아버지의 태도가 바로 우리 하나님의 모습입니다.

하나님께서는 자신의 아들이 돌아왔을 때에 혼자서 기뻐하시지 않습니다. 하늘나라의 천군 천사들과 함께 기뻐하신다고 했습니다. 우리도 어떤 형제가 예수 믿고 돌아오면 그 기쁨을 혼자 간직하지 말고 주위의 다른 사람들과 나누어 가져야 합니다. 비록 한 사람이 예수 믿고 돌아온다 해도 교회의 모든 성도가 기뻐 뛰어나가 그를 맞아 들여야 할 것입니다. 한 사람일지라도 교회는 잔치 기분에 들떠야 합니다. 이렇게 돌아온 한 영혼 때문에 기쁨에 겨워하는 것이 교회며 하나님 나라입니다.

오늘날 많은 교회가 이 기쁨이 없기 때문에 차가워집니다. 이 기쁨이 없기 때문에 병색이 짙어 갑니다. 그러므로 모든 교회는 이 기쁨을 반드시 회복해야 할 것입니다. 대부분의 교회가 영적으로 잠드는 이유는 하나님으로부터 받은 축복을 혼자서만 간직하고 다른 사람과 나누지 않기 때문입니다. 그리스도의 복음을 전할 때 잠자던 영이 깨어납니다. 성도 한 사람 한 사람이 한 영혼을 천하보다 귀히 여기는 마음으로 전도에 최선을 다해야 합니다. 그래서 죽었던 사람이 살아서 돌아오는 기쁨으로 온 교회가 가득 차야 합니다.

우리 가운데는 이 기쁨을 이미 체험한 분들이 많을 것입니다. 우리가 이 세상에 살다가 하나님 앞에 돌아왔을 때 하나님이 얼마나 기뻐하시며 받아 주셨는지를 우리는 잘 알고 있지 않습니까? 두 눈에는 감사의 눈물이 흐르고, 마음에는 말로 형용할 수 없는 평화가 가득하고, 어제까지 불안하던 모든 것들이 아침 안개처럼 사라지고, 주님을 찬송하고 싶고, 기도하고 싶고, 그야말로 천국이 우리의 마음에 임하는 변화가 일어나지 않습니까?

애타게 기다리시는 하나님!

돌아오기만 하면 주저하지 않고 받아 주시는 하나님!

돌아오기만 하면 어떤 죄도 기억하지 아니하시고 기쁨에 겨워 반기시는 하나님!

이렇게 좋으신 아버지께 하루 속히 돌아오지 않으시렵니까?

"땅 끝의 모든 백성아 나를 앙망하라. 그리하면 구원을 얻으리라. 나는 하나님이라. 다른 이가 없음이니라"(이사야 45:22).

"너희 목마른 자들아 물로 나아오라. 돈 없는 자도 오라. 너희는 와서 사 먹되 돈없이 값없이 와서 포도주와 젖을 사라"(이사야 55:1).

꿀 향기를 발하는 사람들

꿀벌을 채집하는 방법을 아십니까? 거기에는 우리가 배워야 할 점이 있습니다. 꿀벌을 통하여 하나님이 당신을 부르시는 방법을 터득할 수 있기 때문입니다.

요즈음에는 꿀벌을 어떻게 번식시키는지 잘 모르지만 옛날에는 산과 들을 다니면서 꿀벌을 채집해 왔다고 합니다. 그 방법은 채집하는 사람이 조그마한 상자를 만들어 문을 열고 그 안에 꿀송이를 달아 벌이 꽃을 찾아 다니는 어떤 장소에 그 상자를 달아 놓습니다. 그러면 지나가던 벌이 꿀 냄새를 맡고는 상자 안으로 들어갑니다. 그곳에 들어가서 꿀을 먹을 때 살짝 상자 문을 닫아 놓습니다. 이 벌이 꿀을 정신없이 먹고 배가 부를 때쯤 되면 상자 문을 열어 놓습니다. 그러면 그 꿀벌이 날아 갑니다. 한참을 기다리면 그 벌이 그 장소로 다시 돌아옵니다. 그런데 돌아올 때는 혼자가 아닙니다. 대여섯 마리가 와서는 또 그 상자 안으로 들어갑니다. 그러면 채집자는 다시 문을 닫아 놓았다가 이 벌들이 정신없이 먹고 나서 나갈 때쯤 되어 또 문을 열어 줍니다.

한참 있다 보면 꿀맛을 보고 간 벌들이 동료들을 수없이 많이 대동하고 또 상자 안으로 들어갑니다. 이런 식으로 벌을 번식시키다 보면 나중에는 상자 속이 온통 벌떼들로 가득하게 되고 그때 채집자는 꿀벌 상자를 들고 기쁜 마음으로 집으로 돌아갈 것입니다.

당신의 주변에는 상자에 매달아 둔 꿀맛을 처음 본 꿀벌처럼 예수를 처음 믿고 새사람이 된 사람들이 있을 것입니다. 당신의 부인일 수 있고 어린 아들, 딸일 수도 있습니다. 그는 예수를 믿자마자 하나님의 사랑이 마치 꿀처럼 너무나 달고 달아서 거기에 완전히 사로잡힌 사람입니다. 그래서 교회에 나와 예배를 드릴 때마다 마음이 기쁨으로 충만하여 찬송을 부르며 집으로 돌아가게 됩니다. 다시 한 번 예수 믿고 변화된 당신의 주변 사람들을 유심히 살펴보십시오. 그들에게서 전에 없이 표정이 밝고 행동이 부드러운 것을 발견하게 될 것입니다.

만일 그들이 왜 그렇게 변화되었는지 관심이 가기 시작하면 그 때에는 하나님께서 문 밖에 나와 당신을 기다리고 계신다는 사실을 확신하는 것이 좋습니다. 그리고 "한 번 교회에 나가 볼까?" 하는 충동이 조금이라도 일어나면 주저하지 말고 하나님을 찾아야 합니다. 하나님께서는 문 밖에 서서 기다리는 자신을 알려주는 방법의 하나로 예수를 먼저 믿은 사람들을 사용하십니다. 어두운 가운데서 빛처럼 그리고 썩어 부패해 가는 세상에서 소금처럼 다른 사람을 예수에게로 이끄는 매력을 주십니다. 그래서 예수를 제대로 믿는 사람치고 꿀 향기를 풍기지 않는 사람이 없습니다. 당신이 그 향기를 맡으면 즉시 하나님을 찾아 나와야 합니다. 왜냐하면 하나님이 바로 그 시간에 당신을 기다리고 계시기 때문입니다.

예수 믿는 가족의 매력에 끌려 예수 믿게 된 분의 아름다운 이야기가 있습니다. 그는 몇 년 전까지만 해도 독실한 불교 신자였습니다. 게다가 부적이 자기를 살려주는 구원의 표인 줄 알고 어리석게 미신을 지키며 우상을 섬기던 사람이었습니다. 그러나 출가한 그의 딸이 부유한 생활 가운데서도 정신적으로 몹시 고통 하다가 주님을 만나 완전히 새사람이 된 것을 보고 그는 크게 감동을 받게 되었습니다. 그리하여 딸의 전도를 받고 모든 죄 회개하고 하나님의 자녀가 되었습니다. 이제는 주님 품 안에서 기쁘게 신앙생활하며 믿지 않는 이웃을 위해 기도하는 사람으로 바뀌었습니다.

주변을 유심히 살펴보십시오. 당신의 관심을 끄는 아름다운 신자들을 볼 수 있을 것입니다. 그리고 그들의 모습에서 당신이 돌아오기를 지금도 문 밖에서 기다리시는 하나님이 계심을 알아야 합니다. 당신이 해야 할 가장 시급한 일은 지금 당장 예수를 믿고 하나님의 자녀가 되는 것입니다.

"볼지어다 내가 문 밖에 서서 두드리노니 누구든지 내 음성을 듣고 문을 열면 내가 그에게로 들어가 그로 더불어 먹고 그는 나로 더불어 먹으리라"(요한계시록 3:20).

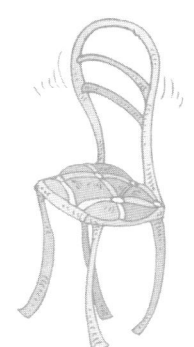

만일 당신이 듣지 아니하면

"한 부자가 있어 자색 옷과 고운 베옷을 입고 날마다 호화로이 연락하는데 나사로라 이름한 한 거지가 헌데를 앓으며 그 부자의 대문에 누워 부자의 상에 떨어지는 것으로 배불리려 하매 심지어 개들이 와서 그 헌데를 핥더라.

이에 그 거지가 죽어 천사들에게 받들려 아브라함의 품에 들어가고 부자도 죽어 장사되매 저가 음부에서 고통 중에 눈을 들어 멀리 아브라함과 그의 품에 있는 나사로를 보고 불러 가로되 아버지 아브라함이여 나를 긍휼히 여기사 나사로를 보내어 그 손가락 끝에 물을 찍어 내 혀를 서늘하게 하소서 내가 이 불꽃 가운데서 고민하나이다.

아브라함이 가로되 얘 너는 살았을 때에 네 좋은 것을 받았고 나사로는 고난을 받았으니 이것을 기억하라. 이제 저는 여기서 위로를 받고 너는 고민을 받느니라. 이뿐 아니라 너희와 우리 사이에 큰 구렁이 끼어 있어 여기서 너희에게 건너가고자 하되 할 수 없고 거기서 우리에게 건너올 수 없게 하였느니라. 가로되 그러면 구하노니 아버지여 나사로를 내 아버지의 집에 보내소서 내 형제 다섯이 있으니 저희에게 증거하게 하여 저희로 이 고통 받는 곳에 오지 않게 하소서.

아브라함이 가로되 저희에게 모세와 선지자들이 있으니 그들에게 들을지니라. 가로되 그렇지 아니하니이다. 아버지 아브라함이여 만일 죽은 자에게서 저희에게 가는 자가 있으면 회개하리이다. 가로되 모세와 선지자들에게 듣지 아니하면 비록 죽은 자 가운데서 살아나는 자가 있을지라도 권함을 받지 아니하리라 하였다 하시니라"(누가복음 16:19-31).

　흔히 사람들은 예수를 믿느냐, 믿지 않느냐의 문제를 가지고 마치 백화점에서 물건을 흥정하듯 대수롭지 않게 다루는 경향이 많습니다. 그리고 신앙을 마치 하나의 교양처럼 여기기도 합니다. 이것은 예수를 믿는 것이 얼마나 진지한 결단인지 그 사실을 너무 모르는 데서 오는 순진함이라고 할 수 있습니다.

　예수를 믿느냐, 믿지 않느냐의 문제는 생사의 기로에 서서 어느 쪽을 선택할 것인가를 결정하는 것이나 다름이 없습니다. 그 결정의 시급함과 진지함을 소름 끼치도록 실감나게 가르쳐 주신 분이 계시는데 그분이 바로 예수 그리스도입니다.

다이브스와 나사로

거지 나사로와 부자의 이야기를 들어 보십시오. 그들이 생전에 무엇을 했느냐가 중요한 것이 아니라 사후에 그들에게 무슨 일이 일어났는가를 주의해 보는 것이 중요합니다.

어떤 부자가 있었습니다. 전설에 의하면 그 부자의 이름은 다이브스입니다. 그는 세상에서 모든 복을 골고루 다 누린 사람입니다. 한편 거지 나사로가 있었습니다. 태어날 때부터 불우한 환경에서 태어나 심한 피부병까지 앓으며 부자의 문간 옆에서 목숨을 연명하며 살던 사람입니다. 그러던 어느날 거지 나사로가 죽었습니다. 고픈 배를 움켜쥐고 아무도 그를 지켜봐 주는 사람 없이 쓸쓸히 죽어갔습니다. 사람들은 이 거지의 시신을 장사도 지내 주지 않고 그냥 끌어내 아무 곳에나 버렸습니다.

세월이 흘러 부자 다이브스도 죽었습니다. 그러자 그의 장례식은 거창하게 치르어졌습니다. 그리고 두 사람 모두 점차 사람들의 기억 속에서 사라지게 되었습니다. 어느덧 잊혀진 존재가 된 것입니다. 사람들은 그들이 내세에 가서 어떤 처지에 빠져 있는지 도저히 생각하지 못합니다. 그것을 아는 분은 오직 한 분입니다. 바로 예수 그리스도입니다.

예수 그리스도만이 그 두 사람의 운명을 알고 있었습니다. 이 이야기는 막연한 비유가 아닙니다. 비유라면 '나사로'라는 이름을 붙일 리가 없습니다. 분명히 사람의 이름이 나오는 것을 보니까 주님이 아시는 두 사람이었던 것 같습니다. 나사로는 낙원, 즉 천국에 가서 하나님의 품 안에서 모든 세상 고통을 다 잊어버리고 편안히 쉬고 있습니다. 반면에 부자는 너무나 괴로운 상황 속에 놓여 있습니다. 너무 처참한 상황 속에 빠져 있습니다. 우리가 이 본문을 읽을 때면 가슴이 눈물로 젖지 아니하고는 도저히 읽을 수 없는 대목입니다.

이 부자가 간 곳을 일컬어서 성경은 '지옥'이라고 말합니다. 지옥이라는 말은 헬라어로 '게헤나'라고 하는 말입니다. 예수님이 계실 당시 주님께서는 이곳을 힌놈의 골짜기로 비유하셨습니다. 힌놈의 골짜기는 예루살렘 성 밖에 위치한 그리 깊지 아니한 골짜기인데 예루살렘에서 나오는 모든 쓰레기들을 모아서 소각시키는 장소였습니다. 그곳은 심지어 성전에서 제사를 지내고 남은 짐승 뼈다귀니 가죽이니 찌꺼기니 하는 모든 잡동사니들을 전부 끌어다가 쌓아 놓고 소각시키기 때문에 코를 찌르는 냄새가 하루 종일 끊일 날이 없고 죽음의 검은 연기가 늘 피어 오르는 아주 고약한 지역이었습니다. 주님께서 이 지역을 지옥에 비유하셨습니다.

지옥의 권위자

성경에서는 지옥에 대하여 그 누구라도 함부로 말하지 않았습니다. 왜냐하면 지옥이 어떻게 생겼는지 아무도 가 본 사람이 없었기 때문입니다. 지옥이라는 말을 사용하신 분은 오직 예수님 한 분뿐입니다. 그렇게 온유하고 겸손하시고 죄인을 보실 때에 마치 어미 닭이 새끼를 품듯이 사랑으로 품어 주기를 원하시는 주님께서 이 듣기에도 진저리 쳐지는 지옥이라는 용어를 13회 이상이나 사용하셨습니다. 이것은 정말 의외의 사실이 아닐 수 없습니다.

"만일 네 눈이 너를 범죄케 하거든 빼어 내버리라. 한 눈으로 영생에 들어 가는 것이 두 눈을 가지고 지옥 불에 던지우는 것보다 나으니라"(마태복음 18:9).

"몸은 죽여도 영혼은 능히 죽이지 못하는 자들을 두려워하지 말고 오직 몸과 영혼을 능히 지옥에 멸하시는 자를 두려워하라"(마태복음 10:28).

"뱀들아 독사의 새끼들아 너희가 어떻게 지옥의 판결을 피하겠느냐"(마태복음 23:33).

예수님만이 지옥을 말씀하시고 경고하실 수 있는 유일한 권위자입니다. 그분만이 세세토록 살아 계시며 사망과 음부, 즉 지옥의 열쇠를 가지신 분입니다. 그분이 지옥의 문을 열면 닫을 자가 없고 그분이 지옥의 문을 닫으면 열 자가 없습니다. 오직 예수님만이 지옥에 대한 말씀을 권위 있게 우리에게 가르쳐 줍니다.

현대인들은 이 지옥이라는 용어를 대단히 싫어합니다. 아주 무식한 사람이나 떠드는 소리로 일축해 버립니다. 그런데 예수님이 무식한 분입니까? 그는 하나님입니다. 당신이 아무리 고상한 지식을 많이 가지고 있다고 해도 예수님의 권위와 맞설 수는 없습니다. 믿든지 안 믿든지 그것은 개인의 자유이지만 하나님의 아들의 말씀을 당신이 대항하면서 지옥이 없다고 말할 수는 없습니다. 우리가 믿든지 안 믿든지 그것과 상관 없이 지옥은 엄연히 존재하는 것이요, 예수님의 권위는 절대로 땅에 떨어지지 않습니다. 우리는 믿어야 합니다. 부자와 거지 나사로의 이야기는 지옥이 어떤 곳인가를 우리에게 비유를 가지고 설명해 주고 있습니다. 그러면 과연 지옥이 어떤 곳일까요?

지옥의 실상

첫째, 지옥은 무서운 고통이 연속되는 곳입니다.

부자가 "내가 이 불꽃 가운데서 고통합니다." 하고 울부짖는데, 성경에 보면 지옥을 가장 많이 묘사하는 단어 중의 하나가 불꽃입니다. 그렇다면 이 불꽃은 우리가 흔히 알고 있는 물질이 타는 불꽃일까요? 그렇지는 않습니다. 지옥은 영계(靈界)입니다.

물질이 없습니다. 단지 하나님께서 이 불꽃이라는 용어를 쓰신 것은 우리의 이해를 돕기 위해서 인간의 언어를 빌어 온 것에 지나지 않습니다.

1880년에 『카라마조프가의 형제들』이라고 하는 불후의 명작을 남긴 도스도예프스키가 그의 작품 속에서 지옥에 대한 자기의 감정을 이렇게 묘사했습니다.

"만일 지옥에서 물질이 타는 불이 있다면 사람들이 참 좋아할 거야. 왜냐하면 불로 인해 뜨거움을 느끼는 육체의 고통 때문에 지옥에서 정말 뜨겁게 느껴야 될 마음의 고뇌를 잊어버릴 수 있으므로."

지옥의 불은 육신을 태우는 불이 아닙니다. 마음 속의 숯덩이처럼 가득한 죄악에서 피어오르는 영계의 불꽃이요, 죄를 도무지 참지 못하시는 하나님의 공의의 진노가 쏟아놓은 불꽃입니다. 가보지 않고는 그곳이 얼마나 괴로운 곳인가를 알 수 없습니다.

사람이 당하는 고통 가운데 화상을 입는 것만큼 참기 힘든 고통이 없다고 합니다. 그래서 로마시대에 예수 믿다가 잡혀 들어가면 화형을 당하는 순교자들이 많았습니다. 화형을 당할 때에 연기가 올라와서 뜨거움을 느끼기 전에 질식을 해 버리면 그 사람은 평안하게 죽을 수 있습니다. 그러나 질식을 하지 않고 서서히 장작더미에서 올라오는 열기를 받아서 죽어가는 그 사람의 고통은 도저히 말로 형용할 수 없는 극한의 몸부림이었다고 합니다. 그 무서운 고통을 부자가 지옥에서 당하고 있는 것입니다.

둘째, 지옥은 하나님의 자비가 완전히 거두어진 곳입니다.

부자는 하나님을 향해 두 가지 기도를 지옥에서 했습니다. 일생 동안 한번도 기도하지 않고 오히려 기도하는 사람을 멸시하고 우습게 여기던 사람이 지금 지옥에 떨어져서야 기도하는 것입니다. 처음 기도는 "오, 하나님! 저 나사로의 손가락에 물 한 방울만 찍어서 저에게 떨어뜨려 주세요."라는 것이었습니다. 한 바가지도 아닙니다. 한 숟가락도 아닙니다. 한 방울만! 얼마나 사모하는 자세입니까? 얼마나 갈증을 느끼는 자세입니까? 얼마나 고통하는 모습입니까? 이것은 심한 갈증에 허덕이는 자가 고통을 이기지 못해 울부짖는 절규입니다. 그러나 하나님은 "안 돼!" 하시며 고개를 흔드십니다.

그러자 부자는 "하나님이여, 세상에는 지금 아직도 저의 다섯 형제가 지난날의 나처럼 호화롭게 살고 있습니다. 그들이 이런 곳에 들어오지 않도록 나사로를 보내어 증거하게 해주세요. 그들이 이 고통받는 곳으로 오지 않게 하소서."라고 또 기도를 했습니다.

세상에서는 전도할 생각을 한번도 하지 않던 사람이 지옥에 가면 이제 전도할 생각이 생기는 것입니다. 하나님께서도 "안돼! 세상에서 복음 전도자들이 전하는 성경 말씀이나 이웃 사람들이 예수 믿으라고 전하는 복음을 듣지 아니하는 사람은 죽은 자가 다시 살아나서 외친다고 해도 믿지 아니하리라." 하시면서 단호히 거절하셨습니다.

여기에서 우리는 참 이상한 하나님을 발견하게 됩니다. 지금까지 우리가 알고 있는 하나님은 얼마나 자비로우시고 긍휼이 많으신 분입니까? 태양을 선인과 악인에게 비치게 하시며, 비를 의로운 자와 불의한 자를 구별하지 아니하시고 내려주시는 자비로우신 하나님입니다. 기쁨으로 사람의 마음을 만족케 하시는 하나님이며 은혜를 모르는 자와 악한 자에게도 인자하신 하나님입니다. 노하기를 더디하시고 상한 갈대를 꺾지 아니하시면서 오래 오래 기다리시며 천 년을 하루같이 하루가 천 년같이 기다리시는 하나님입니다. 너무나 기다리시고 오래 참으시기 때문에 이 세상에서 오히려 악한 자들이 득세하고 선한 자들이 마치 하나님이 없는 것처럼 착각할 만큼 죄인을 사랑하시고 기다리시는 하나님이십니다.

진노의 하나님

그런데 부자가 지옥에서 본 하나님은 달랐습니다. 회개하고 돌아와야 할 때를 놓쳐 버린 사람에게 대하는 하나님은 우리가 지금 대하고 있는 하나님이 아닙니다. 이 세상에서도 산천초목

위에 이른 비와 늦은 비를 알맞게 골고루 내리시는 자비로우신 하나님이지만 기회를 놓치고 하나님을 멸시한 자에게는 손가락에 묻은 물 한 방울도 허락하지 아니하시는 진노의 하나님으로 나타나십니다.

얼마나 무서운 곳입니까? 지옥은 이처럼 하나님의 자비와 긍휼이 완전히 제거된 곳입니다. 그래서 밀러라고 하는 학자는 "지옥이 어떤 곳이냐? 하나님과의 교제가 완전히 두절된 곳이다."라고 지옥을 설명하고 있습니다.

만약 우리가 구원받지 못하면 그제서야 지옥에서 기도하고 여러 사람들을 전도하려고 할 것입니다. 그와 같은 때늦은 기도는 하나님의 보좌 앞에 상달되지 않을 것입니다. 공허하게 지옥의 벽만을 울리며 메아리로 돌아오고, 메아리로 돌아오는 응답 없는 기도를 하게 될 것입니다. 왜 그렇습니까? 지옥은 하나님의 자비와 긍휼이 떠나버린 곳이기 때문입니다.

셋째, 지옥은 천국을 보면서도 접근하지 못하는 곳입니다.

천국에 있는 나사로는 지옥의 비극을 보지 못했습니다. 과거의 모든 것을 꿈에 본 듯 잊어버리고 주님과 더불어 영원토록 사는 곳이 하나님 나라입니다. 그러나 지옥은 그 반대입니다. 천국을 환하게 보고 있는 곳입니다. 독일의 유명한 신학자요, 설교자인 틸리케는 "지옥은 천국을 보면서도 가까이 가지 못하는 곳"

이라고 했습니다. 얼마나 기가 막힌 이야기입니까?

비교의 고통

당신은 비교하는 데서 오는 고통이 어떤지 알고 있습니까?

저 달동네에는 수천 세대가 서로 형편이 비슷한 가운데서 옹기종기 모여 살고 있습니다. 차가운 겨울날에 찬바람이 사정없이 허술한 벽으로 스며들어 주부가 발을 동동 구르면서 밥을 짓지 않으면 안 되는 그런 가난한 집들이 있습니다. 그러나 그런 사람들도 주변의 다른 사람들이 다들 그렇게 사니까 참고 견디며 살 수 있습니다. 소위 말하는 상대적 빈곤을 느끼지 못합니다.

그러나 호화 아파트 근처에 사는 가난한 주부의 심정은 그렇지 않습니다. 너무나도 주변의 상점들이 호화롭고, 물건 값이 비싸서 변두리에 가서 값싼 것을 구입해 와서 조금이라도 돈을 아끼려고 애를 쓰는 주부의 심정은 고통스럽습니다. 주변의 잘 사는 사람들과 비교가 되기 때문에 괴로운 것입니다. 이것이 비교하는 데서 오는 냉혹한 현실의 고통입니다.

오늘날 우리의 고통은 비교의 고통이라고 말할 수 있습니다. 우리의 위기는 비교의 위기라고 말할 수 있습니다. 몇 십 년 전만 해도 미국 사람이 어떤 자가용을 끌고 다니든 간에 우리 나라 사람들은 모두 비슷한 생활을 한다고 그래도 위로를 받으며 살았습니다. 그러나 근대화를 통해서 많은 사람들의 생활 수준이 높아졌습니다. 그 가운데는 건전하게 벌어서 높아진 사람들도 있지만 국민을 우롱하면서 수단 방법 가리지 않고 재산을 모은 사람도 있습니다. 한참 농번기에 농민들은 바빠서 정신없이 일을 하는데 들판을 자가용을 타고 다니면서 즐기고 먹고 마시는 사람들이 있습니다. 그 광경을 보는 농민들의 심정은 어떻겠습니까? 우리 나라에서 이 무서운 비교의 과도기가 빨리 지나가야 합니다. 빈부의 격차를 줄이는 데 온 국민이 슬기를 모아야 할 것입니다.

지옥은 천국을 눈 앞에 두고 비교하는 곳입니다. 눈에는 보이지만 가슴에는 채워지지 않는 곳이 지옥입니다. 하나님이 왜 지옥의 창문을 천국을 향해서 열어 놓으셨을까요? 결코 이유 없는 일이 아닐 것입니다. 지옥에 들어간 많은 사람들은 세상에서 살 때 지옥이나 천당을 아주 우스운 미신 이야기로 간주하고 멸시했습니다. "죽으면 끝나는 것이지 무슨 지옥이고 천당이냐?"고 비웃었던 사람입니다. 하나님이 지옥에 들어간 사람으로 하여금 하나님 나라를 보게 하는 이유는 주님이 결코 거짓말 하지 않았다는 것을 보여 주시기 위함이라 생각됩니다. "보라! 영원토록 보라! 내가 너희에게 거짓말을 했느냐?" 하고 증명해 주시는 것입니다.

넷째, 지옥은 기억력이 예민하게 되살아 나는 곳입니다.

간혹 교통사고나 일시적으로 심장이 멎어서 며칠이나 몇 시간 동안 죽었다가 되살아난 사람들의 이야기를 들어보면 한결같이 똑같은 말을 듣게 됩니다. 모든 과거의 일들이 한 순간 전부 다 기억되는 희한한 일을 자기들이 경험했다고 고백하는 것입니다.

부자가 이 불꽃 가운데서 부르짖고 비명을 지르니까 하나님이 말씀하기를 "너는 살아 있을 때 좋은 것을 받았고 나사로는 고생을 했지 않니? 너는 이것을 기억하라."고 했습니다. 한편 부자는 나사로를 보는 순간 자기의 문간 옆에 살던 사람이라는 것을 금방 알아 보았습니다. 또 자기 형제가 지금 다섯 명이나 잘 살고 있다는 것도 기억하고 있었습니다. 그것 뿐만이 아닙니다. 가장 무서운 기억은 세상에서 시간이 지나면 잊혀질 줄 알았던 자기 과거의 죄책감이 전부 떠올랐고 하나님 앞에 회개하지 않고 그대로 은폐시켜 두었던 죄들이 전부 다 되살아났습니다. 지옥은 그의 몸 밖에 있는 것이 아니라 그의 내면에 있는 것입니다.

세익스피어는 『리차드 3세』라는 희곡에서 지옥의 현실을 이렇게 묘사했습니다. "내 양심이 수천 개의 혓바닥을 가졌구나. 수천 개의 혓바닥이 제각기 갖가지 책망을 나에게 늘어 놓는구나."라고 탄식하고 있습니다. 바로 지옥에 가면 그런 모습이 나타날 것입니다.

애타게 호소하시는 하나님

지옥이 얼마나 무서운 곳인가를 어떻게 인간의 필설로 다 형용할 수 있습니까? 도저히 불가능한 일입니다. 그곳이 얼마나 몸서리치는 곳인가를 알려면 지옥이 어떤 곳인가를 너무나 잘 아시는 하나님이 우리 인간으로 하여금 그곳에 들어가지 못하도록 얼마나 안타깝게 막으셨는가를 보면 잘 알 수 있습니다. 한 사람도 지옥에 던져지지 않도록 하려고 하나님은 자기 아들을 세상에 보내셨습니다. 그리고 모든 사람들의 죄를 전부 다 짊어지게 하시고 십자가 위에서 지옥의 참혹한 고통들을 대신 당하게 하셨습니다. 그리하여 모든 인류의 죄를 전부 다 십자가 위에서 무서운 지옥의 불로 태웠습니다. 그 일을 끝내자 하나님은 삼일 만에 그 아들을 살리신 후 그 아들이 지옥으로 향하는 길 모퉁이에 서서 그곳으로 밀려가는 사람들을 향하여 돌아서라고 목이 쉬도록 호소하게 하였던 것입니다. 그렇게 하고 계신 지가 벌써 2천여 년이 되었습니다.

주님께서 오늘도 우리에게 십자가를 들고 애타게 호소하고 계십니다. "가지 말라! 지옥은 무서운 곳이니라."

이 말씀에 귀기울이는 자만이 복된 사람입니다.

그렇다면 부자가 왜 지옥에 갔을까요? 부자이기 때문입니까? 아닙니다. 부자라는 것이 죄는 아닙니다. 믿음의 조상 아브라함,

욥, 야곱, 다윗, 솔로몬 등도 부자였습니다. 부자 다이브스가 지옥에 간 이유는 "예수 믿으라."는 복음을 주위에서 듣고도 거절했기 때문입니다. 그는 많은 사람들이 한 번씩 예수 믿으라고 권유를 할 때마다 아주 우스운 말로 듣고 무시해 버렸기 때문입니다. 하기야 날마다 좋은 옷을 입고 잔치하며, 호화롭고 거창하게 살았으니 답답한 것이 없었을 것입니다.

세상에서 사는 것이 너무 재미있으면 하나님 나라나 영혼의 이야기에 귀를 잘 기울이지 않습니다. 부자가 천당에 가느니 보다 낙타가 바늘 귀에 들어가는 일이 더 쉽다고 하였으니 부자가 하나님의 말씀을 얼마나 받아들이지 않는지 가히 짐작할 수 있습니다. 다 그런 것은 아니지만 이것이 부자의 약점입니다.

파리가 꿀단지에 빠지면 살아 나오기가 힘들 듯이 사람이 세상의 쾌락에 도취하면 하나님의 말씀을 듣지 않게 됩니다. 그래서 가끔 하나님은 비상수단을 쓰십니다. 가지고 있는 전 재산이나 건강을 빼앗아서라도 지옥으로 가는 길을 막는 경우가 있다는 말입니다.

문득, 돌아가신 아버님 생각이 납니다. 아버님은 59세에 세상을 떠나셨는데 그는 59년 동안 예수 믿은 분입니다. 그러나 한평생 교회에 다니면서도 중생받지 못하고 단순히 예배만 출석하는 분이었습니다. 그런데 세상을 떠나시기 몇 년 전에 하나님께서 아버님의 건강을 빼앗아 버렸습니다. 이일로 말미암아 아버님은 눈물을 흘리시며 진정으로 지난 날의 잘못을 하나님께 회개했습니다. 그리고 드디어 임종을 맞게 되었습니다. 그때 제가 할 수 있는 일이 무엇이었겠습니까?

우리가 자식으로서 부모님을 위해서 해드릴 수 있는 일이 무엇입니까? 사랑하는 사람이 저 무서운 곳으로 가지 않도록 하는 것보다 더 큰 사랑이 어디 있습니까?

저는 점점 맥박이 여려지는 아버님의 손을 잡고 "아버님, 예수 믿으시지요? 예수님 꼭 붙드세요." 하고 거듭 거듭 간절히 말씀드렸습니다. 그런데 아버님께서는 다른 질문에는 대답을 안하시면서도 아들의 이 말에는 "그래, 그래" 라고 끝까지 대답하셨습니다.

교회로 오면서 엘리베이터를 타고 내려 오는데 같은 아파트에 사는 의사 선생님을 만났습니다. 아주 젊고 패기가 있는 분입니다. "선생님 안녕하세요?" 하고 인사를 한 뒤 "선생님, 예수 좀 믿으세요!" 하고 전도를 했습니다. 그랬더니 그는 "너무 바빠서요, 바빠서…." 하고 말을 얼버무렸습니다. 아마 속으로 "우리 동네에서 빨리 목사가 이사를 가야지 이것 참 못견디겠구만." 하고 생각했을 지도 모릅니다. 잠시 후 엘리베이터 문이 열리니까 그는 무슨 신나는 일이 있는지 재빨리 뛰어 나갔습니다. 그 모습이 지옥 설교를 준비하고 있는 목사의 눈에 얼마나 불쌍하게 비췄는지 모릅니다.

카터 대통령이 방한했을 때 그분은 박정희 대통령에게 여러 번 간곡히 전도했다고 합니다. 그때 믿어야 했습니다. 그때 회개해야 했습니다. 그러나 그는 끝내 기회를 놓쳤습니다. 전도를 받은지 몇 개월 후에 그가 어떻게 세상을 떠났는지 우리는 잘 알고 있습니다. 회개할 기회 한 번 얻지 못하고 하나님이라고 불러 볼 틈도 없이 모든 것이 끝나버린 사람입니다. 생각하면 얼마나 답답하고 괴로운 일입니까?

예수를 믿을 기회를 놓치면 너무나 비참한 사람이 된다는 것을 아십니까? 그 사실을 아는 당신 주변의 사람이 믿지 않는 당신을 볼 때마다 안타까워 발을 구르고 있습니다. 기회를 놓치지 마십시오. 무심히 듣고 넘길 일이 절대로 아닙니다.

뉴욕에 사는 교포 아주머니 한 분이 귀국을 했습니다. 그 아주머니는 정부 고위층을 전도하기 위해 찾아왔다고 합니다. 그분과는 전혀 생면부지의 사람이라고 했습니다. 좀 이상한 생각이 들어 아주머니와 대화를 해보았는데 그는 놀랍게도 성령으로 충만한 사람이었습니다. 몇 달 전에도 한국에 와서 그분에게 전도하려고 여러 번이나 도전했지만 만나 주지 않아서 다시 뉴욕으로 돌아갔다고 합니다. 그분을 왜 그렇게 전도하려고 하느냐고 물어 보았을 때 그 아주머니는 놀랍게도 다음과 같은 얘기를 했습니다.

"목사님, 저도 몰라요, 하나님이 시키십니다. 제가 순종할 수 없다고 이리저리 핑계를 대면 하나님께서 계속적으로 강박감을 주시는데 목사님은 그 심정을 잘 모르실 거예요. 뉴욕에 있는 주변 사람들은 전부 저를 미쳤다고 합니다. 지금 내 자식이 셋이나 있고 끼니도 걱정해야 할 판국에 알지도 못하는 사람을 전도하겠다고 비행기를 타야만 하니 나도 내가 미친 것만 같습니다. "주여, 나는 비행기 탈 돈도 없어요." 하고 통사정을 하려고 하면 또 어떻게 비행기 삯이 마련되고, 또 마련되고, 지난 번에 실패해서 이것으로 그치겠지 했는데 하나님께서 계속 마음을 밀어 부치셔서 이번에는 기어이 전도를 하고 돌아가야 되겠어요."

얼마나 놀라운 일입니까?

한번도 만나 본 일이 없는 사람이지만 구원해야 된다는 마음이 그의 영혼 깊은 곳에서부터 뜨겁게 타오르고 있습니다. 그가 마치 하나님이 보내신 예레미야 선지자와 같은 사람으로 보였습니다.

당신은 어디를 향해 가고 있는가?

예수를 믿지 않는 당신이 부자가 들어간 저 무서운 곳을 향해서 걸어가고 있는데도 먼저 예수를 믿은 당신의 가족이 침묵만 지키고 있지는 않습니까? 지옥에 갈 사람은 물론 비참한 사람이지만 그렇게 가는 사람을 보고 마음 평안하게 쳐다보는 그 사람은 더 잔인한 사람이 아닐 수 없습니다.

어머니가 아들을 데리고 병원에 와서 손에 붕대를 풀 때 아이가 아프다고 우니까 엄마도 따라서 같이 우는 것을 보았습니다. 자식이 손이 아파서 울 때 그 안쓰러움을 이기지 못해서 우는 엄마라면 예수 믿지 않는 남편의 장래를 생각해서 흘리는 눈물이 없겠습니까? 귀찮을 정도로 남편을 향해 예수 믿으라고 졸라 대는 것이 잘못인가요? 모든 희망을 포기하고 들어가는 그 무서운 곳을 당신이 지금 가고 있다는 사실을 한 번 상상해 보십시오. 누가 정상적인 사람입니까? 예수 안 믿겠다고 고집하는 당신입니까? 예수 믿으라고 못살게 구는 가족이나 친구들입니까?

단테가 그의 명저 『신곡』 지옥편에서 지옥을 이렇게 묘사했습니다.

"이것은 슬픔의 도시로, 영원한 고통으로, 버림받은 족속에게로 들어가는 문이로다. 이 문을 통과하는 사람들이여 희망을 다 버릴지어다."

하나님은 당신을 너무 사랑하셔서 부자가 간 길을 따라가지 못하도록 한시도 쉬지 않고 당신의 주변에 있는 신자들의 입을 통하여 예수 믿으라고 권고하고 계십니다. 당신이 걸어가는 길 모퉁이마다 십자가를 높이 세우고 "더 이상 가면 위험!"이라는 경고를 하고 계십니다. 그런데 그 경고를 무시한다면 당신은 영원히 후회할 가장 어리석은 실수를 범하고 말 것입니다. 지금 곧 예수 그리스도를 영접하십시오! 그분을 당신의 구원자로 믿고 받아들이십시오!

다음의 이 말씀을 마음에 새겨 보시기 바랍니다. 예수를 믿기만 하면 당신도 이러한 놀라운 복을 받을 수 있습니다.

"하나님이 세상을 이처럼 사랑하사 독생자를 주셨으니 이는 저를 믿는 자마다 멸망치 않고 영생을 얻게 하려 하심이니라"(요한복음 3:16).

"내가 진실로 진실로 너희에게 이르노니 내 말을 듣고 또 나 보내신 이를 믿는 자는 영생을 얻었고 심판에 이르지 아니하나니 사망에서 생명으로 옮겼느니라"(요한복음 5:24).

마지막으로 던지고 싶은 질문

"저는 죄를 범치 아니하시고 그 입에 궤사도 없으시며 욕을 받으시되 대신 욕하지 아니하시고 고난을 받으시되 위협하지 아니하시고 오직 공의로 심판하시는 자에게 부탁하시며 친히 나무에 달려 그 몸으로 우리 죄를 담당하셨으니 이는 우리로 죄에 대하여 죽고 의에 대하여 살게 하려 하심이라.

저가 채찍에 맞음으로 너희는 나음을 얻었나니 너희가 전에는 양과 같이 길을 잃었더니 이제는 너희 영혼의 목자와 감독되신 이에게 돌아왔느니라"(베드로전서 2:22~25).

존경하던 목사님 한 분이 손수 차를 운전해서 강변도로를 달리다가 사고를 당하여 하늘나라로 가셨습니다. 그분은 모든 면을 골고루 갖추신 촉망받는 목사님이었습니다. 그래서 많은 사람들이 그에게 기대를 했습니다만 하나님께서 그를 갑자기 불러 가셨습니다.

장례식에 참석하여 골똘히 하나의 문제를 생각해 보았습니다. "만약 하나님께서 나에게 더 시간을 주시지 않고 강단에 마지막으로 세우신다면 내가 무엇을 전하고 갈까?" 참으로 의미심장한 질문이었습니다.

결국 젊다고 하는 것도 장담할 수가 없습니다. 건강하다고 하는 것도 생명을 보증할 수 없습니다. 우리가 언제 하나님의 부름을 받을지 아무도 예측하지 못합니다. 그러므로 우리는 항상 우리의 삶을 준비하면서 살아야 합니다.

단 한번의 마지막 기회

그런 의미에서 설교자도 마찬가지입니다. 강단에 설 때마다 마지막이라는 생각을 가지고 전해야 할 것입니다. 설교를 듣는 사람 또한 하나님의 복음을 들을 수 있는 유일한 기회일는지도 모른다는 긴박감을 가지고 하나님의 말씀을 들어야 하는 것이 사실입니다. 왜 그런가 하면 내일이라는 것은 아무도 보장해 주지 못하기 때문입니다.

스펄전 목사는 40대 초반부터 고치기 힘든 어떤 지병을 갖고 있었습니다. 그런데 그가 어느 주일에 교인들에게 이러한 설교를 했습니다.

"여러분, 오늘 저는 여러분이 수없이 이 강단에서 들었던 꼭 같은 메시지를 다시 전하려고 합니다. 왜냐하면 여러분이 아시는 바와 같이 나에게는 병이 있습니다. 하나님이 언제 나를 데리고 가실지 모릅니다. 어쩌면 오늘 이 시간이 마지막일지도 모릅니다. 마지막이라고 생각할 때 저는 다른 말을 하고 싶지 않습니다. 지금까지 내가 전하던 메시지, 예수 그리스도가 우리 죄를 담당하고 죽으셨다고 하는 것, 이것 하나만 다시 전하고 저는 가겠습니다."

그가 그렇게 설교한 다음에도 15년이나 더 말씀을 전하는 은혜를 입었지만 설교자는 항상 그와 같은 긴박감을 가지고 하나님의 말씀을 전해야 할 것입니다.

만약 우리가 더 이상 예배할 수 있는 기회가 없을지도 모른다고 한 번 가정해 봅시다. 그럴 때 저는 두 가지 질문을 하겠습니다. 바로 오글로소오프 목사가 선교사로 미국에 건너온 젊은 요한 웨슬리에게 했던 질문입니다.

두 가지 질문

"형제여, 당신 속에 당신이 하나님의 자녀가 되었다는 내적 증거가 있습니까?"

이 질문에 요한 웨슬리는 멍하니 앉아 있었습니다. 한 마디도 대답하지 못했습니다. 그러나 오글로소오프 목사는 두 번째 질문을 했습니다.

"예수 그리스도를 아십니까?"

목사에게 예수 그리스도를 아느냐고 질문하는 것이 얼마나 오만한 태도입니까? 그러나 요한 웨슬리에게는 문제가 있었나 봅니다. 그는 멋쩍은 듯이 대답하기를 "예, 압니다. 예수님은 이 세상의 죄를 짊어지고 십자가에 죽으신 우리의 구원자입니다." 라고 말했습니다. 이어 오글로소오프 목사는 "예, 옳은 말씀입니다만, 그 예수 그리스도가 당신에게는 어떤 분인가를 알고 계십니까?"라고 또 질문했습니다. 그러자 웨슬리는 우물쭈물 대답을 하긴 했습니다만 그때부터 그의 마음 속에 큰 아픔이 시작되었습니다. "왜 나는 자신있게 대답을 못할까? 내가 이러고도 목사냐? 이러고도 선교사냐?"라는 뼈아픈 고통이 시작되었습니다.

얼마 후 그는 영국에 다시 돌아와서 몹시 가슴 아프게 진통을 했습니다. '나의 믿음은 어딘가 모르게 잘못되어 있나 보다. 내가 오늘 저녁이라도 이 세상을 떠난다면 이런 마음가짐으로 어떻게 하나님 나라에 들어갈 수 있겠는가?" 이렇게 열병을 앓듯 진통하는 가운데서 드디어 하나님이 그에게 빛을 던져 주셨습니다. 어느 모임에서 거듭나는 역사를 체험하게 되었던 것입니다. 그때부터 오늘날 기독교 역사에 샛별처럼 빛나는 요한 웨슬리로 두각을 나타내게 되었습니다.

만약에 우리가 복음을 들을 수 있는 기회가 이 시간이 마지막이라고 한다면 저는 꼭 같은 질문을 당신에게 던지고 싶습니다.

"당신의 마음 속에 하나님의 자녀가 된 내적 증거가 있습니까?"

"예수 그리스도가 당신에게 어떤 분입니까?"

당신은 이 두 가지 질문에 분명히 대답할 수 있습니까? 만약에 당신이 분명하게 대답할 수 없다면 이것은 심각한 문제입니다. 왜냐하면 인간은 다 죄인이며 하나님이 죄를 보시는 입장은 대단히 심각하기 때문입니다.

우리는 어떤 죄를 범했을 때 "시간이 지나면 잊어 버릴 수 있겠지. 인간이니까 그럴 수가 있는 거야." 하면서 죄를 가볍게 다루려는 습성이 있습니다. 그러나 공의로우신 하나님은 인간의 죄를 단순하게 다루지 않습니다. 예를 들어, 아담이 무슨 큰 죄를 범했습니까? 그는 하나님이 먹지 말라고 한 선악과를 따먹은 것밖에 범죄한 것이 없습니다. 그러나 하나님이 그에게 말씀하셨습니다. "반드시 죽으리라."

이것이 죄에 대한 하나님의 입장입니다. 아무리 작은 죄라도 용납할 수 없는 것이 하나님의 입장입니다. 죄에 대해서는 사형을 선고하고 죄인에 대해서는 영원한 심판을 내리시는 공의로우신 하나님입니다.

그러므로 우리가 우리 죄를 생각하는 입장과 하나님이 우리의 죄를 보시는 입장은 근본적으로 다릅니다. 사람들은 모두 세상적인 입장에서 모든 것을 평가하려고 하고 자신에게 쉬운 방법으로 평가하려고 합니다. 그러나 하나님은 그렇지 않습니다. 하나님의 기준에서 자기 자신을 보십시오. 우리는 어떠한 경우라도 죄 문제를 해결하지 않으면 안 됩니다.

내게 종말이 온다면

오늘 저녁이라도 우리에게 종말이 온다면 어떻게 되겠습니까? 예수 그리스도가 어떤 분인가를 모르고 교회만 다녔다면 어떻게 되겠습니까? 갑자기 이 세상의 모든 것을 손에서 놓고 마지막 종말을 맞이한다면 어떻게 되겠습니까? 그 마지막 순간에 당신 혼자만 남는다면 어떻게 되겠습니까?

그때 모든 것은 떠날지라도 당신과 함께 하시는 한 분이 계십니다. 마지막으로 만나야 할 분입니다. 일 대 일의 대면입니다. 죄를 하나도 용납하지 못하는 거룩하신 하나님과의 대면입니다. 죄인에게 "반드시 죽으리라."고 선언할 수 있는 공의로우신 하나님과의 대면입니다. 만약에 당신이 죄 문제, 죄인이라고 하는 신분의 문제를 해결하지 않고 있다가 갑자기 하나님을 대면하면 이것은 원수끼리 만나는 것입니다. 왜 그런가 하면 죄 문제를 해결하지 않고 있는 입장은 하나님이 자기와 원수된 관계라고 했기 때문입니다. 그러므로 이 문제를 해결하지 않고 갑자기 하나님과 만나게 된다면 그것은 원수끼리의 만남이요, 원수끼리의 대면입니다.

"또 십자가로 그들의 적개심을 죽이고 둘을 한 몸으로 만들어 하나님과 화해시키기 위한 것입니다"(에베소서 2:16, 현대인의 성경).

한 번 생각해 보십시오. 당신은 그 자리에서 견딜 수 있겠습니까? 무슨 능력으로, 무슨 재주로, 당신의 모든 죄를 해결하고 하나님과 일 대 일로 만날 수 있겠습니까? 무슨 양심으로 당신이 죄인이 아니라고 자신있게 대답할 수 있겠습니까? 아무도 양심상 자신이 죄가 없다고 자신있게 대답할 수 없습니다.

주님은 마치 우리가 구원받을 수 있는 확률이 50퍼센트라고 말씀하시는 것 같습니다. 하나님을 믿는다고 하는 유대인도 구원받을 수 있는 확률이 50퍼센트, 버림을 받을 수 있는 확률이 50퍼센트, 교회에 열심히 다니는 사람에게도 구원의 확률이 50퍼센트라고 하는 인상을 주는 말씀이 있습니다. 정말 아찔하지 않을 수 없습니다.

"그 때에 두 사람이 밭에 있으매 하나는 데려감을 당하고 하나는 버려둠을 당할 것이요. 두 여자가 매를 갈고 있으매 하나는 데려감을 당하고 하나는 버려둠을 당할 것이니라"(마태복음 24:40, 41).

놀라지 마십시오. 아무리 믿음이 좋은 사람들이 모이고, 아무리 질적으로 우수한 교회라고 할지라도 정말 구원받을 수 있는 사람들의 숫자는 60퍼센트를 넘는 일이 거의 없다는 말을 듣습니다. 그렇다면 나머지 40퍼센트는 중생받아야 할 사람이며, 아직도 복음을 들어야 할 사람이며, 회개하고 주님의 십자가 앞에 거꾸러져야 할 사람입니다. 어떤 면에서는 요한 웨슬리처럼 다시 태어나지 않으면 안 될 사람들이 교회를 찾아 나오고 있습니다. 이런 분들은 '나의 죄를 어떻게 하느냐?' 하는 문제를 반드시 해결 받아야 할 사람들입니다.

"하나님을 섬기지 않고 오늘날까지 오만하게 세상을 살아왔던 죄를 어떻게 하느냐?"

"양심에 은근히 가책받는 죄를 어떻게 하느냐!"

"스스로 근엄한 체 하고, 인자한 체, 죄없는 것처럼 행동했던 교만한 죄를 어떻게 하느냐?"

"사랑하지 못한 죄를 어떻게 하느냐?"

"거짓말한 죄를 어떻게 하느냐?"

"하나님을 하나님으로 섬기지 못한 죄를 어떻게 하느냐?"

당신은 이런 죄를 해결하지 않고 무사태평하게 잠만 자고 있습니까? 안 됩니다. 언제 당신에게 마지막이 올지 모르기 때문입니다. 하나님과 원수된 관계로 만나지 않으려면 반드시 이 문제만은 해결하고 있어야 합니다. 다시 묻겠습니다.

"예수 그리스도가 당신에게 어떤 분입니까?"

"하나님 앞에서 당신의 죄를 완전하게 해결 받았습니까?"

죄를 담당하신 예수

"저는 죄를 범치 아니하시고 그 입에 궤사도 없으시며"(베드로전서 2:22).

"친히 나무에 달려 그 몸으로 우리 죄를 담당하셨으니"(베드로전서 2:24).

다른 말씀은 다 놓치더라도 이 말씀만은 꼭 붙들어야 합니다. 그리스도는 죄가 없으신 분입니다. 그분은 죄를 범한 일이 없는 하나님의 아들인데도 불구하고 '친히' 즉 자진해서 나무에 달려 자기 몸으로 우리의 죄를 담당하셨습니다. 이 말씀이 당신에게 실감나게 다가옵니까? "주님, 그렇습니다. 나의 모든 죄를 주님이 담당하셨군요."라는 확신이 있습니까? 이 예수님만 붙들면 언제든지 하나님 앞에 떳떳하게 설 수 있다는 확신이 당신에게 뚜렷이 있습니까? 친히 그 몸으로 나무에 달려 우리 죄를 담당하신 분이 예수 그리스도입니다.

여기에서 '담당했다'고 하는 이 말을 깊이 음미해 봅시다. '담당한다'는 말은 '아나페로'라고 하는 헬라어 용어인데 두 가지의 의미를 가지고 있습니다. 그 하나는 '떠맡는다'는 뜻이 있습니다. 길을 가다가 한 사람이 무거운 짐을 다 못지면 옆 사람이 그 짐까지 떠맡아서 이중으로 지고 가는 경우가 있지 않습니까? 그런 까닭으로 사도 요한은 "세상 짐을 지고 가는 하나님의 어린 양 예수님"을 보라고 했습니다. 세상 죄를 지고 간다는 말은 세상의 모든 죄를 떠맡아서 혼자서 지고 간다는 의미입니다. 이것이 '담당'이라는 뜻입니다.

당신이 과거에 범한 모든 죄를 혼자 떠맡으신 분입니다. 당신이 은근히 마음에 비밀히 숨겨둔 죄를 대신 맡으신 분입니다. 앞으로 우리가 세상에 살 동안 약해서 범할지도 모르는 죄까지도 주님은 떠맡으셨습니다. 전부 다 떠맡으셨습니다. 혼자서 모두 대신 지셨습니다.

세상에 이것만큼 기쁜 소식이 있습니까? 내 힘으로 감당할 수 없는 무거운 죄를 그분이 대신 맡아 주셨다니! 이것만큼 눈이 번쩍 뜨이는 뉴스가 있을 수 있나요? 당신이 몇 천만 원 빚을 지고 있었는데 어떤 사람이 어떤 이유로 하여 그 빚을 전부 떠맡았다고 할 때 당신은 어떤 반응을 보이겠습니까? 당신의 표정이 어떻게 달라질지, 마음에는 얼마나 놀라운 변화가 일어나겠습니까? 빚 좀 갚아준 사람만 생각해도 이렇게 감격하는데 평생토록 자신의 힘으로 감당치 못할 죄를 무조건 떠맡아 주신 하나님의 아들에게 우리는 얼마나 감격해야 하겠습니까? 이 사실을 믿는 것이 믿음입니다.

네가 도둑질했느냐? 도둑질한 모든 죄, 주님이 대신 떠맡으셨습니다. 네가 거짓말했느냐? 거짓말한 모든 죄, 주님이 다 떠맡으셨습니다.

나도 모르는 사이에 십자가에서 그분이 전부 다 떠맡으셨습니다. 그래서 나는 모든 죄를 사함받은 새로운 몸이 되었습니다. 천근 바윗돌처럼 무겁게 짓누르던 죄가 눈 녹듯이 사라졌습니다. 이것을 확실히 믿고 받아들이는 것이 믿음입니다.

다음으로 '담당했다'의 의미는 '희생제물이 되었다.'는 말입니다.

하나님은 죄에 대해서 참지 못하는 분입니다. 그런데 예수 그리스도가 우리의 모든 죄를 혼자 떠맡으셨으니 그에게 무엇이 뒤따르게 되겠습니까? 하나님의 심판이 찾아올 수밖에 없습니다. 죄에 대한 무서운 심판이 주님에게 쏟아지게 되었습니다. 그래서 그는 십자가에 살 찢고 피 흘리심으로 희생물이 되고 말았습니다. 우리 대신 하나님의 진노를 받으셨다는 말입니다.

세상에서 이런 놀라운 뉴스는 또 없을 것입니다. "하나님 아버지, 진실로 감사합니다! 우리가 무엇이기에 하나님의 아들이 대신 희생을 당해야 합니까? 나 같은 죄인이 무엇이길래…" 우리는 하나님 앞에 겸손히 무릎을 꿇어야 합니다. 나 대신 십자가에 죽으신 예수님의 사랑에 감격해야 합니다.

죄에서 해방된 사람

"이는 우리로 죄에 대하여 죽고 의에 대하여 살게 하려 하심이라"(베드로전서 2:24).

여기서 "죄에 대하여 죽었다"는 말은 죄와의 관계가 이제는 완전히 끊어져 버렸다는 뜻입니다. 죄 문제 때문에 더 이상 고통을 당할 필요가 없다는 말입니다. 예수님을 믿기만 하면 주홍빛 같은 큰 죄라도 십자가의 보혈에 깨끗이 씻기움을 받게 됩니다. 이제 하나님이 우리를 죄인으로 보시지 않습니다. 그러므로 죄와의 관계는 단절되어 버린 것입니다. 우리는 죄에서 자유한 몸입니다. 드디어 우리의 마음에 평안이 찾아옵니다. 모든 죄를 용서받은 놀라운 기쁨이 찾아옵니다.

"너희 죄 흉악하나 눈과 같이 희겠네
너희 죄 흉악하나 눈과 같이 희겠네"

찬송가 가사대로 우리의 모든 흉악한 죄를 용서받았습니다. 하나님의 아들이 십자가에서 우리 죄를 짊어지고 희생제물이 되었기 때문입니다. 이제는 죽음도 우리를 따라오지 못합니다. 이제는 율법도 우리를 정죄하지 못합니다. 이제는 마귀도 우리를 사로잡지 못합니다. 우리는 죄에서 해방된 사람입니다.

스코틀랜드에 부르스라고 하는 애국자가 있습니다. 그가 스코틀랜드를 위해서 독립운동을 하던 시절에 그만 에드워드 황제의 군대에 의해서 포위를 당했습니다. 공교롭게도 그의 고향 뒷산에서 당한 일이었습니다. 사력을 다해 홀홀단신으로 도망했지만 점점 포위망은 좁혀져 왔습니다. 기진맥진하여 "이제는 꼼짝없이 죽었구나!" 하고 절망에 빠져있을 때였습니다. 어디에선지 귀에 익은 개 짖는 소리가 들렸습니다. 황제의 군대가 부르스의 애견을 풀어 주인의 냄새를 맡게 하고 부르스를 찾아내도록 꾸

민 것입니다. 그는 좌절의 밑바닥에까지 빠지게 되자 마지막으로 한 번 더 몸부림을 쳐 보자는 생각이 들었습니다. 그래서 온 몸이 상처투성이가 되도록 기고 기어서 산꼭대기로 올라 갔습니다. 부르스가 산꼭대기에서 그 너머 골짜기를 보니 이게 웬일입니까? 시냇물이 흐르고 있지 않겠습니까? 너무나 반가워서 뒹굴다시피 시냇가까지 내려 갔습니다. 그리고는 황급히 물 속에 들어가 몸을 숨겼습니다.

곧 뒤따라 개들이 시냇가를 향해 오는 것이 보였습니다. 그러나 주인의 냄새가 없어져 버렸으므로 개들이 방향을 잡지 못하고 물가를 왔다 갔다 하는 것이었습니다. 그리고 허공을 향해 맥없이 짖어댈 뿐이었습니다. "아, 이제는 살았구나. 저 개들이 더 이상 나를 찾아내지 못하겠구나." 부르스는 이렇게 하여 살아날 수 있었습니다.

훗날 부르스는 그 경험을 통해서 큰 진리를 깨달았습니다. "너는 죄인이야, 너는 절대 살지 못해. 아무리 교회에 다녀도 너는 소용이 없어. 너 과거에 지은 죄를 한 번 생각해 봐. 너 같은 죄인이 어떻게 의인이 된다는 말이냐?" 하고 마귀의 힐책을 받고 때때로 심한 죽음의 공포를 느끼고 두려워했지만 십자가에서 흐르는 보혈의 강물에 몸을 던지고, 그 피 속에 자신이 잠기기만 하면 따라오던 마귀도 더 이상 추적하지 못하게 되고, 율법이 자기를 정죄하지 못하게 되며 죽음이 자기를 덮치지 못하는 새생명을 얻는다는 진리를 깨달은 것입니다.

우리도 이 십자가의 피에 믿음으로 자신의 몸을 담그기만 하면 이제는 죄에 대해서는 완전히 죽은 자가 됩니다. 이제는 더 이상 걱정할 필요가 없습니다.

"내가 저희에게 영생을 주노니 영원히 멸망치 아니할 터이요. 또 저희를 내 손에서 빼앗을 자가 없느니라"(요한복음 10:28).

예수 그리스도께서 우리에게 이 놀라운 구원을 주셨습니다. 오늘 저녁이라도 우리에게 종말이 온다면 다른 길이 없습니다. 내가 살아남기 위해서는 나 대신 십자가에 희생제물이 되신 예수 그리스도를 붙드는 길밖에 없습니다. 우리가 살아남기 위해서는 이 길밖에 없습니다.

아직도 이 진리가 무엇인지 모르는 분들이 계십니까?

당신이 어느 순간에 마지막을 당한다고 생각해 보십시오. 어디에 가서 당신의 죄 문제를 해결하고 하나님을 만나시겠습니까? 다른 길이 없습니다. 당신이 살아남기 위해서는 예수님의 십자가를 믿어야 합니다. 더 미루지 마십시오. 이 시간에 그분에게 모든 것을 맡기시기를 바랍니다.

"주님, 나는 죄인입니다. 이제 내 모든 죄 다 떠맡아 주십시오. 나는 믿습니다. 주님, 십자가에서 내 대신 희생하셨으니 이제 나에게 하나님의 복으로 채워 주시옵소서. 구원해 주시옵소서."

이렇게 기도하십시오. 그 길밖에 당신이 살 길이 없습니다. 아직도 이 문제를 해결하지 않고 하루 하루를 덧없이 살고 있습니까? 이 문제는 당신 앞에 닥친 그 어떤 일보다도 시간을 다투는 시급한 일입니다.

마지막으로 묻는 질문

"예수 그리스도가 당신에게 어떤 분입니까?"

"예수님이 당신의 죄를 완전히 담당하시고 대신 제물이 되어 주셨기 때문에 떳떳하게 하나님 앞에 설 수 있다는 확신이 당신에게 있습니까?"

당신에게 이러한 믿음이 있습니까?

만약 이 믿음이 없다면 당신은 구원을 받지 못합니다. 하나님께서 당신의 마음을 열어 주시기를 바랍니다. 믿음의 눈으로 십자가를 바라 보십시오. 주님의 말씀을 믿고 모든 죄에서 자유함을 얻으십시오. 주님은 당신이 십자가를 등지고 돌아서는 어리석은 자가 되지 않도록 지금도 당신을 간절히 부르고 계십니다.